JA PÉREZ

ECLESIOLOGÍA: LA DOCTRINA DE LA IGLESIA

Teología Sistemática para Latinoamérica

Prólogo por Dr. Jaime Mirón

ECLESIOLOGÍA: LA DOCTRINA DE LA IGLESIA

Teología Sistemática para Latinoamérica

Tisbita Publishing House

Puede encontrarnos en la red en: www.tisbita.com
Reportar errores de imprenta a errata@tisbita.com
Contactar al autor en: www.japerez.com

ISBN: 978-1-947193-42-0

tisbita

Library of Congress | United States Copyright Office
Registration (case number) 1-10892898611
Pérez, JA 1961- author Literary Work
Teología Sistemática para Latinoamérica

Printed in the U.S.A.

ECLESIOLOGÍA: LA DOCTRINA DE LA IGLESIA

Este manual de estudio es diseñado con ejercicios, cuestionarios y espacios para notas, para ser usado en estudios de grupos, clases de instituto bíblico, seminario o cualquier otro formato donde se equipen ministros y líderes para la obra de ministerio o creyentes en general que quieren crecer en el conocimiento de Dios.

Proviene del libro: *Teología Sistemática para Latinoamérica (780 páginas)* y forma parte de la serie de 11 manuales de estudios de teología.

Puede visitar *https://japerez.com/teologia* para información sobre los otros manuales de esta serie y el libro principal. Más detalles al final de este manual.

Usos gramaticales

En este libro, el uso de mayúsculas en algunas palabras o pronombres tiene
el propósito de acentuar respeto, o universificar conceptos.

Siempre para referirme a Dios en tercera persona uso Él (con acento y en mayúscula la primera letra).
Para referirme a algo que pertenece a Dios uso Su (con mayúscula en la primera letra), sin embargo, al citar
textos bíblicos, respeto cuando aparece con minúscula para no alterar la manera que lo usa cada versión.

De igual manera, respeto al citar la Reina Valera 1960 o la Reina Valera Antigua el uso de
antiguas reglas ortográficas, como por ejemplo el acento en la é de éstos o éstas o el uso del
punto y coma para terminar una oración y luego comenzar la otra línea con mayúscula.

Uso nosotros en lugar de vosotros porque escribo primordialmente para Latinoamérica, sin embargo cuando
es parte de la traducción bíblica que estoy usando, por supuesto lo dejo intacto para no alterar las citas.

Dedicado a todos aquellos que incansablemente comparten la buena noticia en nuestra América Latina. Quienes aman la verdad y no se rinden.

Al fiel pastor de aquella pequeña congregación sin luz o agua potable en las montañas y al maestro bíblico que lucha con las corrientes de error en su querida ciudad.

Esta humilde obra es para ustedes, amados obreros.

Agradezco a mi Dios, por todo.

A mi esposa, quien pacientemente me escucha pensar en voz alta y debatir conmigo mismo textos difíciles a deshoras de la noche, quien me acompaña en cada paso y en cada letra.

A mi madre por sus largas horas leyendo y ayudándome en las correcciones al manuscrito, y a nuestros dos hermosos gatos que fielmente me acompañan mientras escribo.

También agradezco a mis maestros y mentores que desde antes con su ejemplo me enseñaron a amar la teología y a todos los escritores que menciono en las notas. Sin los cientos de fuentes y consultas, este trabajo no hubiera sido posible.

CONTENIDO

PRÓLOGO

Los alemanes cuentan con la teología sistemática de Wolfhart Pannenberg; los ingleses con Alister McGrath; los franceses con Juan Calvino; los españoles con Francisco Lacueva y Samuel Vila; los americanos con Lewis Sperry Chafer, Wayne Grudem, Charles Hodge, Louis Berkhof, Stanley M. Horton y John MacArthur, entre otros. Gracias a Dios, varios han sido traducidos al español.

Pero no ha existido una obra de teología sistemática escrita por un latino para latinos… hasta ahora.

Teología Sistemática para Latinoamérica comprende once ramas, que cubren en forma sistemática las diferentes fases de la teología escrita en español para latinos.

Lo que más me agrada de esta obra es que no sólo cubre todas las doctrinas de la teología sino también es fácil de leer y entender. Digo más, me parece que hay mucho material que el pastor puede usar en la preparación de sus mensajes o para maestros de la escuela dominical o líderes de clases bíblicas.

El fundamento de toda teología es la Palabra de Dios. Es la primera parte que leo en cualquier teología sistemática. Cito una parte de *Teología Sistemática para Latinoamérica*: «La Escritura es inerrante. No contiene errores. Esta inerrancia significa que en los manuscritos originales no se equivoca, ni dice nada fuera de la verdad o sin exactitud. La Palabra de Dios no contiene errores. En otras palabras, la Biblia es siempre verdadera y confiable en todo el texto. Errar es de humanos. Dios no comete errores. *Toda palabra de Dios demuestra ser verdadera. Él es un escudo para todos los que buscan su protección. Proverbios 30:5 NTV*».

Es reconfortante saber que en los cimientos de *Teología Sistemática para*

Latinoamérica está la creencia de la absoluta autoridad de la Palabra de Dios.

JA Pérez tiene un ministerio aprobado de años en el mundo de habla hispana. Además, goza de un matrimonio sólido y sus tres hijos colaboran en el ministerio. Ha sido mi privilegio ministrar con él en varios países donde he podido observar su visión, pasión por las almas y amor a Dios.

Estoy más que seguro que disfrutará de esta magnífica obra.

Dr. Jaime Mirón

Editor General de la Biblia Nueva Traducción Viviente y vicepresidente de la Asociación Luis Palau.

Junio de 2021

¿POR QUÉ ESTE TRABAJO?

La motivación para escribir los varios tomos en esta serie se puede decir que ha surgido después de largos períodos de frustración.

Creo que en nuestras facultades e institutos Bíblicos en Latinoamérica hemos trabajado mucho tiempo con material prestado. Digo prestado porque no fue escrito para nosotros.

Tenemos por un lado grandes obras teológicas escritas por autores anglosajones, escoceses, franceses, suizos y alemanes publicadas siglos atrás para una audiencia europea. Estas, traducidas por españoles (también europeos) para españoles, con connotación y estilo que no aplica a la América Latina del siglo XXI.

Por otro lado, nativos de la lengua española, también han escrito grandes obras como lo son Francisco Lacueva[1], Samuel Vila[2], y otros, que han sido (y siguen siendo) útiles durante años en la formación de ministros evangélicos. A estos (y a los anteriores) estamos grandemente agradecidos y edificamos sobre sus hombros. En ningún momento intento menospreciar y ciertamente no presumo tener mejor teología que ellos, estos fueron grandes maestros y expertos en la lengua castellana, sin embargo, para este siglo y para una América con un lenguaje cambiante y muy lejos del sentido original de muchas de las palabras usadas en esa hermosa literatura teológica española del siglo pasado —es necesario actualicemos.

Por eso esta humilde obra.

La teología es y será la misma que hemos tenido por más de 2000 años, no cambia, está establecida sobre fundamento sólido. Sin embargo, en un amplio y diverso continente la lengua cambia, y los significados de muchas palabras también[3].

Esta serie de Teología Sistemática es escrita para América Latina. Para ser usada primordialmente como texto esencial en la *Facultad de Teología Latinoamericana™* y distribuida en nuestro amado continente para que una nueva generación de predicadores puedan influir a sus mundos con sólida doctrina como ministros aprobados que usan bien la palabra de verdad (2 Timoteo 2:15).

La metodología

Intentaré usar lo más que pueda, textos bíblicos que vienen de traducciones contemporáneas con el lenguaje actual de Latinoamérica. Sin embargo, necesito equivalencia formal[4] para textos bases, por lo que estaré usando la amada Reina Valera 1960[5], gran parte del tiempo, claro que con las referencias necesarias a otras traducciones, de manera que el estudiante latinoamericano pueda comprender el texto fácilmente.

¿Qué es teología sistemática?

Teología sistemática, es una disciplina de la teología cristiana. La labor de la teología sistemática es presentar de manera ordenada y coherente la verdad de Dios y su relación con el hombre y el mundo[6].

Es una presentación de la fe y doctrinas cristianas, que está ordenada en un «sistema» metódico para facilitar el entendimiento de estas.

La palabra «teología» es compuesta y viene del griego. Theos, significa «Dios», y logos significa «palabra» o «mensaje».

«Sistemática» obviamente viene de «sistema». Algo desarrollado bajo un sistema. Teología sistemática es, entonces, la división de la teología en sistemas que explican sus diversas áreas [7].

Varios teólogos han dado definiciones similares.

A. H. Strong dice: «La teología es la ciencia de Dios y Su relación con el universo»[8]. Por otro lado, Charles Hodge dice: «La teología es la exhibición de los hechos de la escritura en su orden y relación apropiados, con los principios o verdades generales involucrados en los mismos hechos, y que impregnan y armonizan el todo»[9]. Y William G. T. Shedd dice: «La teología es una ciencia que se interesa tanto en lo infinito como en lo finito, tanto en Dios como en el universo. Por lo tanto, el material que esta abarca es más vasto que el de cualquier otra ciencia. Es también la más necesaria de todas las ciencias»[10].

La importancia de que la teología sea sistematizada es obvia. Esta nos facilita el estudio y la comprensión. Wayne Grudem señala que la alternativa sería «teología desorganizada»[11].

¿Por qué el estudio de la teología sistemática?

Primero, porque la teología —cuando se estudia correctamente y con motivos sanos— glorifica a Dios.

Dios es glorificado cuando buscamos conocerle (Filipenses 1:9—11). Entonces, para usted y para mí, el objetivo de estudiar teología es conocer mejor a Dios y aprender más y más en cuanto a cómo obedecerle. *«Y en esto sabemos que nosotros le conocemos, si guardamos sus mandamientos» (1 Juan 2:3).* Entonces, si nuestro estudio produce obediencia, esto glorifica a Dios.

> *Pues todas las cosas provienen de él y existen por su poder y son para su gloria. ¡A él sea toda la gloria por siempre! Amén. Romanos 11:36 NTV*

Segundo, para estar equipados y representar a Cristo correctamente.

También estudiamos teología para poder ser testigos fieles de Dios al mundo.

Especialmente cuando vivimos en un tiempo en que toda verdad es cuestionada. La iglesia del Señor, necesita estar preparada para responder, cuando alguien nos pregunta acerca de la esperanza que tenemos como creyentes —*«siempre preparados para dar una explicación» (1 Pedro 3:15 NTV).* Debemos saber que es a través de nosotros (la iglesia) que esa esperanza es dada a conocer a todos —especialmente a los de afuera.

Pablo nos dice:

El propósito de Dios con todo esto fue utilizar a la iglesia para mostrar la amplia variedad de su sabiduría a todos los gobernantes y autoridades invisibles que están en los lugares celestiales. Efesios 3:10 NTV

La amada Reina Valera 1960 dice: «*para que la multiforme sabiduría de Dios sea ahora dada a conocer por medio de la iglesia a los principados y potestades en los lugares celestiales*».

Tercero, para nuestro crecimiento espiritual.

Como seguidores de Cristo, es importante que estudiemos teología para que podamos crecer en conocimiento y fe. No es suficiente saber acerca de Dios, necesitamos conocerle personalmente y tener una relación genuina con Él.

El temor del Señor es la base del verdadero conocimiento, pero los necios desprecian la sabiduría y la disciplina. Proverbios 1:7 NTV

La verdad inspira adoración. La teología provoca reverencia y gloria.

Es preciso que nos preguntemos si nuestra adoración es superficial, basada meramente en emociones, o si está fundamentada en la Palabra de Dios.

Si no tenemos la teología correcta se pierde el ánimo para la verdadera adoración.

El gozo verdadero no viene de buscar más emoción, mejor sonido musical, etc... El gozo verdadero viene cuando estamos saturados por la Palabra de Dios.

Lo que necesitamos para adorar a Dios más efectivamente es una gran visión de Él, y esto se obtiene por medio de Su estudio.

Cuarto y último, porque la doctrina es importante.

Debemos estudiar teología porque es importante. Ser un discípulo de Cristo va más allá de tomar la decisión de seguirle.

Debemos convertirnos en estudiantes de Dios.

Mira lo que dice Jesús:

Jesús le dijo a la gente que creyó en él: —Ustedes son verdaderamente mis discípulos si se mantienen fieles a mis enseñanzas... Juan 8:31 NTV

No podemos simplemente inventar nuestro propio credo. Si lo hiciéramos, estaríamos haciéndonos en nuestras mentes un «dios» (con minúscula) a nuestra imagen.

Es posible que esta sea la razón por la cual Pablo advierte a Timoteo:

Llegará el tiempo en que la gente no escuchará más la sólida y sana enseñanza. Seguirán sus propios deseos y buscarán maestros que les digan lo que sus oídos se mueren por oír. Rechazarán la verdad e irán tras los mitos. 2 Timoteo 4:3-4 NTV

La Biblia no nos concede un especial derecho para escoger qué doctrinas bíblicas queremos creer.

La importancia de la doctrina reside no sólo en que aprendamos a seguir las enseñanzas de Jesús. También es importante para entender las cosas que la Biblia no enseña.

En conclusión, ¿por qué estudiamos teología sistemática?

La estudiamos 1. porque glorifica a Dios; 2. para aprender a representar a Cristo correctamente; 3. para nuestro crecimiento espiritual; y 4. porque la doctrina es importante.

Conforme a la gracia de Dios que me ha sido dada, yo como perito arquitecto puse el fundamento, y otro edifica encima; pero cada uno mire cómo sobreedifica. Porque nadie puede poner otro fundamento que el que está puesto, el cual es Jesucristo.

1 Cor 3:10,11 RVR1960

INTRODUCCIÓN

Eclesiología es la parte de la teología dedicada al estudio de la iglesia[1].

 La palabra griega para «iglesia» en la Biblia es ekklesia (ἐκκλησία), y literalmente significa «reunión» o «asamblea»[2] y λογία, (logía), que significa «conocimiento» o «estudio de»[3]. La eclesiología, entonces, es el estudio de la iglesia.

Por siglos, las personas han debatido sobre cómo entender la función de la iglesia.

Vienen ciertas preguntas referentes al tema de la eclesiología como:

¿Qué tan importante es la iglesia? ¿Cuál es la naturaleza de la iglesia? ¿Cuáles son las intenciones de Dios para la iglesia? ¿Cuáles son las características de una iglesia sana?

Y luego preguntas más dogmáticas, como:

¿Se les permite a las mujeres ser pastoras? ¿Deben los niños ser bautizados? ¿Debe el bautismo ser por aspersión o inmersión?

Pienso que antes de comenzar a tratar con estas y otras preguntas, necesitamos dedicar tiempo para considerar cómo es que Dios ha «organizado» a los creyentes en una institución que Él ha ordenado de manera que todo lo que se haga en esta glorifique Su nombre.

Entonces primero definamos qué es exactamente iglesia.

1

DEFINICIÓN DE IGLESIA

¿Quienes forman parte de la iglesia?

Note que no dije «qué» sino «quienes», porque para comenzar, debo decir que la «iglesia» está compuesta de personas.

La iglesia no es un templo o un edificio. Aunque es común en nuestra cultura que las personas digan «vamos a la iglesia» refiriéndose a un lugar físico, este es un uso incorrecto de la palabra.

Nosotros, no vamos a la iglesia. Nosotros somos «la iglesia», lo que quiere decir que donde nosotros estamos, ahí está la iglesia.

Este concepto lo explico en mi libro: Iglesia Postpandemia[4].

Cuando comenzó la pandemia o lo que se conoce como el coronavirus, muchos amados pastores, no sabían que hacer, pues por causa del rápido contagio que estaba esparciéndose en nuestras ciudades, los edificios, catedrales y templos tuvieron que cerrar. Este encierro ha tomado meses, y los creyentes nos vimos obligados a creativamente buscar otras formas de congregarnos, estar conectados y ser nutridos con la Palabra de Dios.

Gracias a Dios por la tecnología, la cual ha hecho posible esto.

Sin embargo, para muchos ha sido difícil, porque para ellos el templo es la iglesia. Por otro lado, los que ya entienden que «la iglesia somos nosotros» —independientemente del lugar donde estemos— no han sido afectados, y de hecho muchos han florecido dentro de la pandemia, han crecido espiritualmente, y han aprovechado los diferentes modelos para continuar «siendo iglesia».

Entonces, podemos decir que la iglesia es un organismo vivo que existe porque el Señor la fundó y prevalece porque el Señor es quien la mantiene viva.

> *Y yo también te digo, que tú eres Pedro, y sobre esta roca edificaré mi iglesia; y las puertas del Hades no prevalecerán contra ella. Mateo 16:18* RVR1960

La iglesia en su expresión más orgánica, existe cuando dos o tres nos reunimos en Su nombre. Es decir que no tiene necesidad de templos, organización, estructura jerárquica o gobierno. La iglesia es practicada cuando creyentes, muchos o pocos nos reunimos independientemente del lugar para en compañerismo crecer juntos en la fe.

> *Porque donde están dos o tres congregados en mi nombre, allí estoy yo en medio de ellos. Mateo 18:20* RVR1960

La iglesia —de una manera más universal— puede definirse como «la comunidad de todos los verdaderos creyentes en Jesucristo de todos los tiempos»[5]. Pablo nos dice en Efesios 5:25 que «Cristo amó a la iglesia, y se entregó a sí mismo por ella para santificarla, habiéndola purificado en el lavamiento del agua por la palabra». En ese texto, el término «la iglesia» le pertenece a todos aquellos que son salvos por la muerte de Cristo. Esto incluye a todos los verdaderos creyentes de todos los tiempos[6].

¿Qué aprendí en este capítulo?

_____

_____

_____

_____

_____

_____

Citas bíblicas claves

_____   _____

_____   _____

_____   _____

_____   _____

Para recordar

_____

_____

_____

_____

_____

_____

Cuestionario

Llene los espacios en blanco.

La iglesia no es un _____ o un edificio.

Nosotros, no _____ a la iglesia… nosotros somos «la iglesia».

La iglesia en su expresión más _____, existe cuando dos o tres nos reunimos en Su nombre.

2

LO QUE NO ES LA IGLESIA

La iglesia no es un templo

Antes que de rienda suelta a la imaginación, debo decirle que no tengo ningún problema o trauma con el edificio. El usar un edificio para congregarnos es una forma de practicar iglesia. No es la única forma (como verá más adelante) pero es una forma.

El problema es cuando lo presentamos como la única forma y aún desde los púlpitos hacemos sentir culpables a aquellos que por una u otra causa a veces no pueden asistir.

Cuando lo hacemos regla, y hacemos creer a los creyentes que la iglesia es el edificio. Cuando ponemos pesadas cargas financieras sobre los creyentes y los presionamos y la mayor parte de los fondos se van al mantenimiento del edificio. En ese caso, por causa del edificio, la iglesia podrá perder su verdadera misión y rumbo, los cuales consisten en anunciar la buena noticia a todos los que no han oído.

Entonces, claro está, que sí creo en el uso de un edificio, si es necesario, y si no entorpece la misión y comisión a la que hemos sido llamados... Id y haced discípulos.

Historia de los templos

En la iglesia primitiva neotestamentaria no existían templos.

El único templo mencionado en el comienzo de la historia de la iglesia fue el templo de Jerusalén el cual era un templo judío (Hechos 2:46).

Todos conocemos el milagro de cuando Pedro y Juan subían al templo a la hora de la oración (Hechos 3:1—10).

Este era conocido como el templo de Herodes o «el segundo templo». El primer templo había sido el templo de Salomón.

Este segundo templo fue completado por Zorobabel[7] en 515 a.C. durante el reinado del persa Darío I[8] y seguidamente consagrado. Tras las incursiones paganas de los seléucidas[9], fue vuelto a consagrar por Judas Macabeo[10] en 165 a.C.

Reconstruido y ampliado por Herodes El Grande[11], el templo fue a su vez destruido por las tropas romanas al mando de Tito[12] en el año 70, en el sitio de Jerusalén[13], durante la primera guerra judía[14].

Una vez destruido el templo, ya no vemos más templos en la historia de la iglesia hasta tiempos de Constantino[15] quien entregó al papa Silvestre I[16] un palacio romano que había pertenecido a Diocleciano[17] y anteriormente a la familia patricia de los Plaucios Lateranos, con el encargo de construir una basílica de culto cristiano, que actualmente se conoce como Basílica de San Juan de Letrán[18].

En 324 d.C. el emperador hizo construir otra basílica en Roma, en el lugar donde según la tradición cristiana martirizaron a San Pedro: la Colina Vaticana, que actualmente acoge a la Basílica de San Pedro[19]. En el 326, apoyó financieramente la construcción de la iglesia del Santo Sepulcro[20] en Jerusalén.

De ahí en adelante vemos una serie de templos y catedrales ser levantados por la religión organizada —la iglesia Católica Apostólica Romana[21].

En los tiempos de la Reforma Protestante,[22] la costumbre de los templos continuó, para ser heredada por el cristianismo evangélico de hoy.

La pregunta es: ¿Fue en algún momento la construcción de templos la idea que Dios tenía para la iglesia cristiana?

La historia nos muestra que siempre existieron cristianos que se reunieron en casas durante los siglos. Estos eran comúnmente perseguidos por el «cristianismo organizado» que era también por lo regular la religión del estado.

Ejemplos de iglesia en casas

La iglesia primitiva entre los Judíos desde su comienzo se reunía en casas, aún cuando el templo de Jerusalén todavía estaba en pie.

> *Y perseverando unánimes cada día en el templo, y partiendo el pan en las casas, comían juntos con alegría y sencillez de corazón... Hechos 2:46* RVR1960

Como dije anteriormente, ese templo fue destruido en el año 70 d.C. y sólo quedaron las reuniones en casas.

En el mundo gentil, la iglesia no tuvo la opción de templo. Los templos que existían entre los gentiles eran templos paganos dedicados a falsas divinidades.

Vemos en la correspondencia de Pablo que las iglesias en casas era una costumbre en sus días.

> *Las iglesias de Asia os saludan. Aquila y Priscila, con la iglesia que está en su casa, os saludan mucho en el Señor. 1 Corintios 16:19* RVR1960

> *Saludad a los hermanos que están en Laodicea, y a Ninfas y a la iglesia que está en su casa. Colosenses 4:15* RVR1960

> *Saludad a Priscila y a Aquila, mis colaboradores en Cristo Jesús, que expusieron su vida por mí; a los cuales no sólo yo doy gracias, sino también todas las iglesias de los gentiles. Saludad también a la iglesia de su casa. Romanos 16:3—5* RVR1960

> *Pablo, prisionero de Jesucristo, y el hermano Timoteo, al amado Filemón, colaborador nuestro, y a la amada hermana Apia, y a Arquipo nuestro compañero de milicia, y a la iglesia que está en tu casa... Filemón 1:1,2* RVR1960

El mismo Pablo permaneció durante dos años predicando en una casa alquilada en Roma.

Y Pablo permaneció dos años enteros en una casa alquilada, y recibía a todos los que a él venían, predicando el reino de Dios y enseñando acerca del Señor Jesucristo, abiertamente y sin impedimento. Hechos 28:30,31 RVR1960

Entonces, como hemos visto, la iglesia no es un edificio o un templo. La iglesia del Señor somos nosotros, Su cuerpo.

...así nosotros, siendo muchos, somos un cuerpo en Cristo, y todos miembros los unos de los otros. Romanos 12:5 RVR1960

¿Qué aprendí en este capítulo?

_____

_____

_____

_____

_____

_____

Citas bíblicas claves

_____   _____

_____   _____

_____   _____

_____   _____

Para recordar

_____

_____

_____

_____

_____

_____

_____

Cuestionario

Llene los espacios en blanco.

Podemos usar un edificio, si es necesario, y si no entorpece la misión y
_____ a la que hemos sido llamados... Id y haced discípulos.

La iglesia primitiva entre los Judíos desde su comienzo se reunía
en _____.

En el mundo gentil, la iglesia no tuvo la opción de _____.

Pablo permaneció durante dos años predicando en una casa alquilada
en _____.

3

LA IGLESIA QUE JESUCRISTO FUNDÓ

La iglesia le pertenece a nuestro Señor Jesucristo. Es Su iglesia. Él la fundó, la trajo a existencia, y es Él quien la compró con Su propia sangre.

Así el mismo Jesús se lo afirmó a Pedro cuando le dijo, «tú eres Pedro, y sobre esta roca edificaré mi iglesia» (Mateo 16:18).

Claro que la religión organizada de Roma siempre ha tratado de tergiversar ese texto, diciendo que Pedro es el fundador de la iglesia o que Pedro es la roca y sobre él, el Señor edificaría la iglesia. De ahí la errónea doctrina de que Pedro fue el primer papa.

Cuando Jesús dijo «esta roca» no se estaba refiriendo a Pedro, sino a Sí mismo. De hecho, el mismo Pedro nos aclara eso.

> *Por lo cual también contiene la Escritura: He aquí, pongo en Sion la principal piedra del ángulo, escogida, preciosa; Y el que creyere en él, no será avergonzado. Para vosotros, pues, los que creéis, él es precioso; pero para los que no creen, La piedra que los edificadores desecharon, Ha venido a ser la cabeza del ángulo; y: Piedra de tropiezo, y roca que hace caer, porque tropiezan en la palabra, siendo desobedientes; a lo cual fueron también destinados. 1 Pedro 2:6—8* RVR1960

Note que Pedro usa la frase «piedra de ángulo». También Pablo refiriéndose a la iglesia usa la metáfora de un edificio y nos dice quien es la piedra de ángulo, lo que quiere decir que Pedro y Pablo están de acuerdo en que Jesucristo es el fundamento de la iglesia.

> *...edificados sobre el fundamento de los apóstoles y profetas, siendo la principal piedra del ángulo Jesucristo mismo... Efesios 2:20* RVR1960

La piedra de ángulo es la primera piedra que se coloca en el fundamento de un edificio. Jesús es la piedra de ángulo. Él es la roca firme que está en el fundamento del edificio.

> *El es la Roca, cuya obra es perfecta, Porque todos sus caminos son rectitud; Dios de verdad, y sin ninguna iniquidad en él; Es justo y recto. Deuteronomio 32:4* RVR1960

> *...y todos bebieron la misma bebida espiritual; porque bebían de la roca espiritual que los seguía, y la roca era Cristo. 1 Corintios 10:4* RVR1960

Jesús es la Roca.

¿Cómo es que formamos parte de la iglesia de Cristo?

El ingreso a la iglesia sucede cuando creemos en Jesucristo y somos salvos por Su gracia (Efesios 2:8).

Siendo esta la calificación, entonces todos los que creen en Jesús son incluidos independientemente de la nacionalidad o raza. Su iglesia es multiracial e internacional.

La iglesia «es internacional en la membresía y no permite divisiones étnicas, de género o sociales».

La reconciliación de las divisiones humanas finalmente se logra en Cristo.

> *La justicia social puede ayudar a resolver las injusticias humanas terrenales, más la justicia de Dios resuelve los problemas del alma, es una justicia eterna, de la cual son partícipes todos aquellos que están en Cristo —todos los que formamos Su iglesia.*

Dentro de la iglesia del Señor, según Pablo, existe verdadera igualdad.

...donde no hay griego ni judío, circuncisión ni incircuncisión, bárbaro ni escita, siervo ni libre, sino que Cristo es el todo, y en todos. Colosenses 3:11 RVR1960

Ya no hay judío ni griego; no hay esclavo ni libre; no hay varón ni mujer; porque todos vosotros sois uno en Cristo Jesús. Gálatas 3:28 RVR1960

Por medio del perfecto sacrificio en la cruz, Jesús no sólo hizo posible la reconciliación entre el hombre y Dios (lo principal), también entre el hombre y el hombre.

Pablo nos enseña que el propósito de Dios era crear en Sí mismo un pueblo nuevo (es decir, la iglesia) proveniente de dos pueblos: judíos y gentiles. Por eso es que los gentiles ya no somos forasteros y extranjeros, sino conciudadanos del pueblo de Dios.

Porque él es nuestra paz, que de ambos pueblos hizo uno, derribando la pared intermedia de separación... Efesios 2:14 RVR1960

¿Qué aprendí en este capítulo?

_____

_____

_____

_____

_____

_____

Citas bíblicas claves

_____   _____

_____   _____

_____   _____

_____   _____

Para recordar

_____

_____

_____

_____

_____

_____

Cuestionario

Llene los espacios en blanco.

La iglesia le _____ a nuestro Señor Jesucristo.

Jesús es la piedra de _____... Él es la roca firme que está en el fundamento del edificio.

Todos los que creen en Jesús son _____ [en Su iglesia] independientemente de la nacionalidad o raza... Su iglesia es multiracial e internacional.

Por medio del perfecto sacrificio en la cruz, Jesús no sólo hizo posible la _____ entre el hombre y Dios (lo principal), también entre el hombre y el hombre.

4

METÁFORAS BÍBLICAS DE LA IGLESIA

Los escritores bíblicos al escribir inspirados por Dios, usaron un número de metáforas para darnos un claro entendimiento de la vida y función de la iglesia.

Para el estudio fácil, pudiéramos dividir estas metáforas en cuatro grupos. Cada uno de estos grupos nos mostrará algo en cuanto a la forma en que el Señor se relaciona con Su iglesia.

1. Metáforas de la familia

El Señor usa la metáfora de una familia para mostrarnos el tipo de relación entre sus miembros.

Pablo sobre todo, ve a la iglesia como una familia. De hecho le aconseja a Timoteo a que trate a los que son parte de la iglesia como si todos fueran parte de una misma familia.

> *No reprendas al anciano, sino exhórtale como a padre; a los más jóvenes, como a hermanos; a las ancianas, como a madres; a las jovencitas, como a hermanas, con toda pureza. 1 Timoteo 5:1,2* RVR1960

Pablo, también se refiere a Dios como un Padre.

> *Por esta causa doblo mis rodillas ante el Padre de nuestro Señor Jesucristo... Efesios 3:14* RVR1960

Jesús llama a sus seguidores hermanos y hermanas.

Y extendiendo su mano hacia sus discípulos, dijo: He aquí mi madre y mis hermanos. Porque todo aquel que hace la voluntad de mi Padre que está en los cielos, ése es mi hermano, y hermana, y madre. Mateo 12:49,50 RVR1960

Pablo se refiere a la iglesia como la esposa de Cristo. En esta analogía de la novia Pablo resalta la importancia de la pureza, de la manera en que seremos presentados a Cristo en Su regreso.

Así que, como la iglesia está sujeta a Cristo, así también las casadas lo estén a sus maridos en todo. Maridos, amad a vuestras mujeres, así como Cristo amó a la iglesia, y se entregó a sí mismo por ella, para santificarla, habiéndola purificado en el lavamiento del agua por la palabra, a fin de presentársela a sí mismo, una iglesia gloriosa, que no tuviese mancha ni arruga ni cosa semejante, sino que fuese santa y sin mancha. Efesios 5:24—27 RVR1960

También Pablo llama al conjunto de los que forman la iglesia «la familia de la fe».

Así que, según tengamos oportunidad, hagamos bien a todos, y mayormente a los de la familia de la fe. Gálatas 6:10 RVR1960

2. Metáforas agrícolas

Estas metáforas agrícolas, nos hablan de la relación de Cristo con los suyos. Es importante saber que aunque esta metáfora fue entregada inicialmente en el contexto de una sociedad agraria, el mensaje no se detiene ahí, porque ¿quién no ha visto un árbol, aún dentro de nuestras ciudades?

Yo soy la vid, vosotros los pámpanos; el que permanece en mí, y yo en él, éste lleva mucho fruto; porque separados de mí nada podéis hacer. Juan 15:5 RVR1960

Leamos este texto en el lenguaje más actual.

Ciertamente, yo soy la vid; ustedes son las ramas. Los que permanecen en mí y yo en ellos producirán mucho fruto porque, separados de mí, no pueden hacer nada. Juan 15:5 NTV

También encontramos que Pablo en la primera carta a los Corintios, compara a la iglesia con un campo de cultivos que fue plantado por el hombre, pero donde

Dios es quien da el crecimiento.

Yo planté, Apolos regó; pero el crecimiento lo ha dado Dios. Así que ni el que planta es algo, ni el que riega, sino Dios, que da el crecimiento. Y el que planta y el que riega son una misma cosa; aunque cada uno recibirá su recompensa conforme a su labor. Porque nosotros somos colaboradores de Dios, y vosotros sois labranza de Dios, edificio de Dios. 1 Corintios 3:6—9 RVR1960

3. Metáforas de un edificio o templo

Se recuerda lo que le escribí acerca de los templos. Le dije que la iglesia no es el templo o el edificio a donde usted asiste el Domingo. Esto es porque nosotros que somos la iglesia, somos el edificio.

En el último versículo del texto que compartí en el punto anterior, sacado de 1 Corintios 3, vemos que Pablo, después de presentarnos una metáfora agrícola, hablando de plantar y regar, termina haciendo un pequeño giro. En ese versículo 9, dice que «somos edificio de Dios». ¡Que interesante combinación! De plantas a edificio. Veamos el versículo de nuevo.

Porque nosotros somos colaboradores de Dios, y vosotros sois labranza de Dios, edificio de Dios. 1 Corintios 3:9 RVR1960

Y no se detiene ahí. En el resto del pasaje Pablo continúa usando la metáfora.

Conforme a la gracia de Dios que me ha sido dada, yo como perito arquitecto puse el fundamento, y otro edifica encima; pero cada uno mire cómo sobreedifica. Porque nadie puede poner otro fundamento que el que está puesto, el cual es Jesucristo. 1 Corintios 3:10,11 RVR1960

Pablo nos dice que él es el «perito arquitecto» porque a él le fue confiado establecer la doctrina en la iglesia gentil, pero el apóstol nos deja muy claro que el fundamento es Jesucristo.

Otra vez, vemos a Pedro en total armonía con Pablo cuando nos dice:

Acercándoos a él, piedra viva, desechada ciertamente por los hombres, mas para Dios escogida y preciosa, vosotros también, como piedras vivas, sed edificados como casa espiritual y sacerdocio santo, para ofrecer sacrificios espirituales aceptables a Dios por medio de Jesucristo. 1 Pedro 2:4,5 RVR1960

Estas metáforas de edificio, nos dan la idea de edificar sobre el fundamento que ya está puesto, a lo que Pablo llama «sobreedificar». El dice, yo «puse el fundamento, y otro edifica encima; pero cada uno mire cómo sobreedifica» (1 Corintios 3:10).

Algo más. El apóstol nos dice que hay recompensa para el que edifica bien.

Si permaneciere la obra de alguno que sobreedificó, recibirá recompensa. 1 Corintios 3:14 RVR1960

4. Metáfora del cuerpo de Cristo

La iglesia es también presentada como «el cuerpo de Cristo» en varios pasajes.

Es posiblemente la idea más usada en cuanto a la iglesia.

En el siguiente pasaje vemos muchas enseñanzas acerca de esta idea. Leamoslo todo con calma.

Porque así como el cuerpo es uno, y tiene muchos miembros, pero todos los miembros del cuerpo, siendo muchos, son un solo cuerpo, así también Cristo. Porque por un solo Espíritu fuimos todos bautizados en un cuerpo, sean judíos o griegos, sean esclavos o libres; y a todos se nos dio a beber de un mismo Espíritu. Además, el cuerpo no es un solo miembro, sino muchos. Si dijere el pie: Porque no soy mano, no soy del cuerpo, ¿por eso no será del cuerpo? Y si dijere la oreja: Porque no soy ojo, no soy del cuerpo, ¿por eso no será del cuerpo? Si todo el cuerpo fuese ojo, ¿dónde estaría el oído? Si todo fuese oído, ¿dónde estaría el olfato? Mas ahora Dios ha colocado los miembros cada uno de ellos en el cuerpo, como él quiso. Porque si todos fueran un solo miembro, ¿dónde estaría el cuerpo? Pero ahora son muchos los miembros, pero el cuerpo es uno solo. Ni el ojo puede decir a la mano: No te necesito, ni tampoco la cabeza a los pies: No tengo necesidad de vosotros. Antes bien los miembros del cuerpo que parecen más débiles, son los más necesarios; y a aquellos del cuerpo que nos parecen menos dignos, a éstos vestimos más dignamente; y los que en nosotros son menos decorosos, se tratan con más decoro. Porque los que en nosotros son más decorosos, no tienen necesidad; pero Dios ordenó el cuerpo, dando más abundante honor al que le faltaba, para que no haya desavenencia en el cuerpo, sino que los miembros todos se preocupen los unos por los otros. De manera que si un miembro padece, todos los miembros se duelen con él, y si un miembro recibe honra, todos los miembros con él se gozan. Vosotros, pues, sois el cuerpo de Cristo, y miembros cada uno en particular. 1 Corintios 12:12—27 RVR1960

En ese pasaje vemos varias funciones activas dentro de una gran unidad, porque es un solo cuerpo. Es decir que hay un énfasis en la unidad. Que aún cuando venimos de diferentes trasfondos, nacionalidades y esferas sociales «sean judíos o griegos, sean esclavos o libres», todos somos uno. Y nos necesitamos los unos a los otros «si un miembro padece, todos los miembros se duelen con él». También vemos que aunque somos un solo cuerpo, dentro de ese cuerpo, los diferentes miembros tienen diferentes funciones y todas son importantes. Como leemos en el contexto anterior (versículos 1—12 del mismo capítulo), cuando todos usamos los dones que el Señor nos ha dado, de la manera que Él quiere, Dios es glorificado, y todos somos edificados.

Es importante, que los textos sagrados establecen que «la cabeza de ese cuerpo es Cristo».

...y sometió todas las cosas bajo sus pies, y lo dio por cabeza sobre todas las cosas a la iglesia, la cual es su cuerpo, la plenitud de Aquel que todo lo llena en todo. Efesios 1:22,23 RVR1960

¿Qué aprendí en este capítulo?

_____

_____

_____

_____

_____

_____

_____

Citas bíblicas claves

_____   _____

_____   _____

_____   _____

_____   _____

Para recordar

_____

_____

_____

_____

_____

_____

_____

Cuestionario

Llene los espacios en blanco.

Los escritores bíblicos al escribir inspirados por Dios, usaron un número de _____ para darnos un claro entendimiento de la vida y función de la iglesia.

Jesús llama a sus _____ hermanos y hermanas.

Pablo se refiere a la iglesia como la _____ de Cristo.

Las metáforas agrícolas, nos hablan de la _____ de Cristo con los suyos.

Pablo en la primera carta a los Corintios, compara a la iglesia con un campo de _____ que fue plantado por el hombre.

Las metáforas de edificio, nos dan la idea de _____ sobre el fundamento que ya está puesto.

La iglesia es también presentada como «el _____ de Cristo».

5

LA IGLESIA VISIBLE E INVISIBLE

La iglesia es invisible en el sentido de que nosotros como humanos no podemos saber con precisión el verdadero estado espiritual de otros humanos. Entonces creyentes genuinos pueden ser conocidos por sus frutos, pero por el hecho de que existe la «apariencia de piedad» (2 Timoteo 3:5), muchos pueden aparentar tener frutos y sí, externamente pueden tener toda la apariencia de ser cristianos, sin estar regenerados por dentro. Al final: «Conoce el Señor a los que son suyos» (2 Timoteo 2:19).

Por eso, cuando la religión organizada (como la iglesia de Roma), dice excomulgar a alguien, lo que están diciendo es que ya no pueden afirmar la profesión de fe de esa persona, pero realmente el clero no puede conocer el estado espiritual de alguien.

Sin embargo, operamos en una iglesia visible.

Podemos tener una idea acerca de la salvación de los demás. Podemos tener mucha confianza en la salvación de alguien basado en el fruto en su vida, y es hasta ahí donde podemos llegar.

> *Por sus frutos los conoceréis. ¿Acaso se recogen uvas de los espinos, o higos de los abrojos? Mateo 7:16* RVR1960

Claro que no somos jueces, y no podemos andar emitiendo juicios infalibles sobre la veracidad de la profesión de fe de alguien.

Entonces, al final, sólo Dios es quien conoce con certeza y sin error a los verdaderos creyentes.

Sabiendo esto, podemos decir que la iglesia invisible es «la iglesia tal como Dios la ve», y la iglesia visible es «la iglesia como nosotros la vemos».

La iglesia visible incluye a todos aquellos que públicamente profesan a Cristo como Señor y Salvador de sus vidas y dan evidencias de esa profesión por los frutos en sus vidas.

Esto lo vemos aplicado varias veces en la Biblia.

Pablo al escribir sus cartas acepta que los recipientes son personas que están en Cristo.

Pablo, prisionero de Jesucristo, y el hermano Timoteo, al amado Filemón, colaborador nuestro, y a la amada hermana Apia, y a Arquipo nuestro compañero de milicia, y a la iglesia que está en tu casa... Filemón 1:1-2 RVR1960

...a la iglesia de Dios que está en Corinto, a los santificados en Cristo Jesús, llamados a ser santos con todos los que en cualquier lugar invocan el nombre de nuestro Señor Jesucristo, Señor de ellos y nuestro... 1 Corintios 1:2 RVR1960

Pablo, apóstol de Jesucristo por la voluntad de Dios, y el hermano Timoteo, a la iglesia de Dios que está en Corinto, con todos los santos que están en toda Acaya... 2 Corintios 1:1 RVR1960

El apóstol Pablo también menciona en sus cartas a falsos profetas, falsos hermanos y a algunos que resultaron no ser creyentes verdaderos lo que nos confirma que debido al pecado, la iglesia visible siempre incluirá a aquellos que no son genuinos.

Sin embargo, podemos estar seguros que Dios en Su soberano conocimiento en cuanto a la integridad de la verdadera iglesia, reconocerá a los creyentes genuinos cuando llegue el momento.

Recuerde que el trigo y la cizaña crecen juntos hasta el día de la cosecha.

Dejad crecer juntamente lo uno y lo otro hasta la siega; y al tiempo de la siega yo diré a los segadores: Recoged primero la cizaña, y atadla en manojos para quemarla; pero recoged el trigo en mi granero. Mateo 13:30 RVR1960

Como ministros de Cristo, nos esforzamos por cuidar la salud del rebaño.

Por tanto, mirad por vosotros, y por todo el rebaño en que el Espíritu Santo os ha puesto por obispos, para apacentar la iglesia del Señor, la cual él ganó por su propia sangre. Hechos 20:28 RVR1960

Obedeced a vuestros pastores, y sujetaos a ellos; porque ellos velan por vuestras almas, como quienes han de dar cuenta... Hebreos 13:17 RVR1960

Queremos ver buenos frutos en la vida de los creyentes en la congregación. Queremos ver miembros verdaderamente regenerados. Por eso enseñamos a los creyentes buena palabra, que trae crecimiento y tenemos la confianza que el Señor cuidará a los que son de Él.

¿Qué aprendí en este capítulo?

_____

_____

_____

_____

_____

_____

Citas bíblicas claves

_____   _____

_____   _____

_____   _____

_____   _____

Para recordar

_____

_____

_____

_____

_____

_____

Cuestionario

Llene los espacios en blanco.

La iglesia es _____ en el sentido de que nosotros como humanos no podemos saber con precisión el verdadero estado espiritual de otros humanos.

Creyentes genuinos pueden ser _____ por sus frutos.

La iglesia _____ es «la iglesia tal como Dios la ve», y la iglesia visible es «la iglesia como nosotros la vemos».

La iglesia _____ incluye a todos aquellos que públicamente profesan a Cristo como Señor y Salvador de sus vidas.

El trigo y la cizaña crecen juntos hasta el día de la _____.

6

LA IGLESIA LOCAL Y UNIVERSAL

Esta distinción nos permite estudiar todo lo que tiene que ver con la congregación local a diferencia de la iglesia que es el cuerpo de Cristo en general, formada por todos los creyentes en todos los lugares de la tierra en todos los tiempos.

Viendo la palabra griega «ἐκκλησία»[23] que se traduce como «iglesia», entendemos que esta se usa para describir a un grupo de creyentes que puede ir desde unas pocas personas reuniendose en una casa, hasta el grupo de todos los verdaderos creyentes en la iglesia universal.

Un ejemplo claro de este uso lo vemos en Pablo en su primera carta a los Corintios.

> *Aquila y Priscila, con la iglesia que está en su casa, os saludan mucho en el Señor. 1 Corintios 16:19* RVR1960

De la misma manera, el libro de Apocalipsis está dirigido a siete iglesias (congregaciones locales) específicas en Asia.

> *Juan, a las siete iglesias que están en Asia: Gracia y paz a vosotros, del que es y que era y que ha de venir… Apocalipsis 1:4* RVR1960

En el libro de los Hechos el tono es más regional, y no menciona a las iglesias por nombre específicamente, pero sí, se refiere a las congregaciones locales de Judea, Galilea y Samaria.

Entonces las iglesias tenían paz por toda Judea, Galilea y Samaria; y eran edificadas, andando en el temor del Señor, y se acrecentaban fortalecidas por el Espíritu Santo. Hechos 9:31 RVR1960

Sin embargo, hablando de los ministerios, Pablo (en primera de Corintios) se refiere a la iglesia universal.

Y a unos puso Dios en la iglesia, primeramente apóstoles, luego profetas, lo tercero maestros, luego los que hacen milagros, después los que sanan, los que ayudan, los que administran, los que tienen don de lenguas. 1 Corintios 12:28 RVR1960

El oficio de «apóstol» en el Nuevo Testamento, es usado en referencia a la iglesia universal. Es un oficio que fue usado por Dios para establecer el fundamento de la iglesia como dice Pablo en Efesios 2:20, «edificados sobre el fundamento de los apóstoles y profetas», y es evidente que el fundamento en un edificio se pone una sola vez. Así fueron los oficios de apóstoles y profetas usados en el pasado —muy diferente a los oficios de ancianos y pastores que sobreedifican sobre ese fundamento que ya fue puesto y lo hacen dentro de una congregación local.

Entonces, queda establecido que un grupo de creyentes en cualquier nivel, (que por supuesto cumpla con los requisitos bíblicos para ser una iglesia), puede estar correctamente bajo la definición específica y general de la palabra «iglesia».

También puedo decir que el creyente como individuo es necesario que esté en la comunión de la iglesia local y no sólo se identifique como miembro del cuerpo de Cristo. La nutrición espiritual, el cuidado de un pastor y el compañerismo con otros creyentes son indispensables para el sano desarrollo del cristiano. Bien dijo Pablo, «no dejando de congregarnos, como algunos tienen por costumbre, sino exhortándonos; y tanto más, cuanto veis que aquel día se acerca» (Hebreos 10:25).

Universal militante y triunfante

La iglesia del Señor es militante, no obstante, triunfante.

No es que luchará hasta triunfar —pues ya Cristo triunfó—, pero si militará en su comisión la cual por supuesto tiene oposición.

> *...porque las armas de nuestra milicia no son carnales, sino poderosas en Dios para la destrucción de fortalezas... 2 Corintios 10:4* RVR1960

En este sentido somos como un ejército que milita con una misión.

¿Cuáles son esas fortalezas que se han de vencer?

El contexto claramente nos dice.

> *...derribando argumentos y toda altivez que se levanta contra el conocimiento de Dios, y llevando cautivo todo pensamiento a la obediencia a Cristo, y estando prontos para castigar toda desobediencia, cuando vuestra obediencia sea perfecta. 2 Corintios 10:5,6* RVR1960

Derribando argumentos y toda altivez que se levantan contra el conocimiento de Dios.

Tu fe será retada, con muchos tipos de enseñanzas falsas que exaltan la habilidad del ser humano de depender de sí mismo. Filosofías, ideas raras que intentan retar tu conocimiento de Dios.

¿Cómo se combaten estos argumentos?

Con la verdad. Por eso es tan necesario este estudio sistemático de la Palabra de Dios. Conociendo más a Dios y a Su palabra, todo argumento contrario es derribado.

Y «llevando cautivo todo pensamiento», porque nuestros pensamientos determinan nuestras emociones y acciones.

La batalla del creyente está en la mente.

Al conocer más a Dios y Su palabra, y llevar cautivo todo pensamiento que se levanta contra el conocimiento de Dios, podemos entonces perfeccionar nuestra obediencia.

Como iglesia, hemos sido llamados a militar, y tenemos la confianza que nuestra victoria reposa en lo que ya Cristo logró en la cruz.

Nuestro enemigo «el diablo» fue destruido.

Así que, por cuanto los hijos participaron de carne y sangre, él también participó de lo mismo, para destruir por medio de la muerte al que tenía el imperio de la muerte, esto es, al diablo… Hebreos 2:14 RVR1960

Sin embargo, todavía queda una operación en los «hijos de desobediencia». Es decir que el espíritu del diablo —aunque este ha sido destruido— continúa operando por medio de gentes.

…en los cuales anduvisteis en otro tiempo, siguiendo la corriente de este mundo, conforme al príncipe de la potestad del aire, el espíritu que ahora opera en los hijos de desobediencia… Efesios 2:2 RVR1960

Estos «hijos de desobediencia» están en todas partes, especialmente en universidades, lugares de enseñanza y aún dentro de iglesias; levantando argumentos contra el conocimiento de Dios.

Debemos estar preparados para poder siempre que sea necesario presentar defensa de la verdad.

…estad siempre preparados para presentar defensa con mansedumbre y reverencia ante todo el que os demande razón de la esperanza que hay en vosotros… 1 Pedro 3:15 RVR1960

La iglesia militante, es también triunfante. Cristo dijo, «sobre esta roca edificaré mi iglesia; y las puertas del Hades no prevalecerán contra ella» (Mateo 16:18). Es decir, que el triunfo está garantizado. Somos triunfantes, los que estamos militando aquí en la tierra y los que ya están en el cielo. La iglesia del Señor en general es una iglesia victoriosa.

Una iglesia universal apostólica

¿Qué está diciendo el Credo de Nicea[24] cuando se refiere a la iglesia como: «Una Santa Iglesia Católica y Apostólica»?

Veamos cada uno de estos adjetivos por separado.

1. Existe una sola iglesia

Pablo en Efesios 4:4 dice: «un cuerpo». Entonces al hablar de la unidad tenemos que decir que esta significa su unidad en Jesús.

Jesús en Su oración al Padre por los creyentes, dice que estos «sean perfectos en unidad», y ¿con qué propósito?

El resto de la oración dice, «para que el mundo conozca que tú [el Padre] me enviaste, y que los has amado a ellos como también a mí me has amado» (Juan 17:23).

Entonces vemos que la unidad de la iglesia tiene un propósito. Que el mundo conozca…

Cuando los que formamos parte de la iglesia del Señor tenemos un mejor testimonio ante el mundo cuando estamos unidos —cuando somos uno.

¿Quiere ver un evangelismo efectivo? Que primero haya unidad.

Aún más. Esta unidad es por causa de Cristo y glorifica a Cristo.

Entonces, somos llamados a hacer todo lo posible por «guardar la unidad del Espíritu en el vínculo de la paz» (Efesios 4:3).

Lógicamente, este es un buen lugar para hacer la pregunta que tantas personas nos hacen todo el tiempo.

Si la iglesia es una, ¿por qué hay tantas denominaciones?

Porque Dios dio Su Palabra que es perfecta a un pueblo caído.

Los cristianos son imperfectos, en un mundo caído, influidos por prejuicios, educación y trasfondos. Diferimos en cuestiones doctrinales de importancia secundaria. Así ha sido desde el principio.

Nunca fue una iglesia unificada, pero si puede ser una iglesia unida, pues unidad y unificación no es la misma cosa.

La unidad de la iglesia es espiritual y no necesariamente organizacional.

De alguna manera, las denominaciones ayudan en el aspecto organizacional. Eliminan los desacuerdos dentro de un grupo determinado para hacer posible que este adelante su misión.

Como dice Richard D. Phillips, «quizá el Señor permite que existan diferencias para enseñarnos cómo amar»[25].

2. La iglesia es santa

Phil Ryken dice: «Con excepción del sistema penitenciario, la iglesia es la única institución para personas malas»[26].

No somos hechos santos por nuestra propia justicia, sino por la justicia de Cristo. La iglesia es santificada y purificada por la sangre de Cristo. Somos santos porque Cristo es Santo.

> *...a fin de presentársela a sí mismo, una iglesia gloriosa, que no tuviese mancha ni arruga ni cosa semejante, sino que fuese santa y sin mancha. Efesios 5:27* RVR1960

3. La iglesia es católica

¿Qué quiere decir católica?

La palabra «católica» sencillamente significa universal. No quiere decir «católica romana», aunque la iglesia de Roma haya tomado ese nombre.

La iglesia es universal. Como lo mencioné antes, al principio del capítulo.

La iglesia está formada por todos los creyentes, de todas partes, de todos los tiempos.

4. La iglesia es apostólica

Pongamos atención a este detalle, porque la palabra «apostólica» es usada incorrectamente de varias formas.

Hoy en día, vemos (por ejemplo) a muchos que se autoproclaman «apóstoles» y el uso del nombre «ministerios apostólicos» en referencia a estos. Esto es un error moderno utilizado por los que con artimañas buscan someter y controlar a súbditos, bajo sus delirios de jerarquías y poder. De esto he escrito en mi libro Manipulación: Apóstoles Modernos, la Cobertura y el Diezmo de Diezmos[27].

Por otro lado, la terminología es usada por la iglesia de Roma.

Claro que para la iglesia de Roma, «apostólica» significa que existe una sucesión, donde el papa ha heredado la autoridad de los apóstoles originales para ejercer total dominio sobre la iglesia, lo cual es una teología incorrecta.

Vemos también el uso de la palabra entre círculos carismáticos, y para ellos significa que «la iglesia puede hacer hoy los milagros y señales que los apóstoles hicieron en la iglesia primitiva».

Sin embargo, independientemente del uso que personas u organizaciones le den a la palabra, en realidad, su sentido es mucho más sencillo. «Apostólica», que está fundada sobre el fundamento que pusieron los apóstoles, el cual es Cristo. Así de sencillo.

El apóstol Pablo nos dice en Efesios 2:20 que somos «edificados sobre el fundamento de los apóstoles y profetas, siendo la principal piedra del ángulo Jesucristo mismo».

Así podemos entender lo que dice el credo. La iglesia es Una, es Santa, es Católica y es Apostólica.

¿Qué aprendí en este capítulo?

_____

_____

_____

_____

_____

_____

Citas bíblicas claves

_____   _____

_____   _____

_____   _____

_____   _____

Para recordar

_____

_____

_____

_____

_____

_____

_____

Cuestionario

Llene los espacios en blanco.

El creyente como individuo es necesario que esté en la comunión de la iglesia _____.

La iglesia del Señor es _____, no obstante, triunfante.

La unidad de la iglesia tiene un propósito.. Que el mundo _____...

La iglesia está formada por todos los _____, de todas partes, de todos los tiempos.

7

DISTINTIVOS DE LA IGLESIA

¿Qué nos distingue como miembros del cuerpo de Cristo?

¿Cuáles son las bases para la vida de la iglesia? ¿Cuáles son las prácticas que nos caracterizan? ¿Cuáles son las doctrinas que guían nuestras vidas como miembros de este cuerpo? ¿Cuál es la misión de la iglesia en la tierra? ¿Cuál es el consuelo para el día difícil y la esperanza al final de la carrera terrenal?

Todas esas preguntas y muchas más son respondidas por medio de la sana enseñanza que une a los creyentes como cuerpo. Hablaremos en este capítulo de las enseñanzas esenciales que caracterizan a la verdadera iglesia.

Comenzaremos con lo que no es.

Falsas prácticas

El apóstol Pablo advirtió a los Corintios sobre las falsas prácticas que ya eran parte de sus entornos culturales.

> *Antes digo que lo que los gentiles sacrifican, a los demonios lo sacrifican, y no a Dios; y no quiero que vosotros os hagáis partícipes con los demonios. 1 Corintios 10:20* RVR1960

Vemos que estos paganos se reunían para hacer sus sacrificios a los demonios.

Juan en el Apocalipsis señala las blasfemias de esta comunidad de Judíos, diciéndoles que eran verdaderamente «sinagogas de Satanás».

Yo conozco tus obras, y tu tribulación, y tu pobreza (pero tú
eres rico), y la blasfemia de los que se dicen ser judíos, y no lo
son, sino sinagoga de Satanás. Apocalipsis 2:9 RVR1960

Pablo también advierte sobre «falsos hermanos» (2 Corintios 11:26; Gálatas 2:4), y falsos ministros (2 Corintios 11:15; 2 Corintios 11:23).

Es clara la evidencia en el primer siglo de iglesias falsas y grupos falsos que profesan el nombre de Dios o usaban el título de iglesia, pero donde existía falsa enseñanza, engaños, y prácticas erróneas.

Hoy en día, la situación no es muy diferente. Es más, debido a la facilidad de compartir información, y con el gran incremento de la población mundial, el crecimiento de lo falso se ha multiplicado con facilidad.

Entonces, la buena enseñanza es tan importante como lo fue en el primer siglo y con mucha más urgencia, pues la proliferación de la maldad se ha expandido.

¿Cómo lo hacemos?

¿Cómo podemos distinguir entre iglesias verdaderas e iglesias falsas?

Dos criterios básicos

Si viajamos por el tiempo a los días de la reforma, nos damos cuenta que desde entonces los teólogos cristianos usaron dos criterios básicos para asegurar que la iglesia se mantuviera en la verdad del evangelio.

1. La correcta predicación de la Palabra

2. La correcta administración de los sacramentos

Cuando hablamos de los sacramentos, nos referimos [1] al bautismo, [2] a la cena del Señor.

También debemos notar la forma en que los reformadores practicaron la disciplina eclesiástica, no directamente como un sacramento, pero sí como una continua práctica. Más detalles sobre esta más adelante.

Entonces, estudiaremos cómo los reformadores mantuvieron estos dos criterios —la correcta predicación y la administración de los sacramentos— para preservar bíblicamente la salud espiritual de la iglesia.

En la declaración de fe Luterana conocida como «la Confesión de Augsburgo», dice que la iglesia se define como: «La congregación de los santos, en la que el evangelio es correctamente enseñado y los sacramentos correctamente administrados»[28].

Juan Calvino, escribe en su libro Institución de la Religión Cristiana: «Dondequiera que la Palabra de Dios es predicada y escuchada en forma pura, y los sacramentos son administrados de acuerdo con la institución de Cristo, allí existe, sin duda, una iglesia de Dios»[29].

Podemos ver entonces que Lutero y Calvino compartían los criterios básicos para definir una iglesia verdadera.

Veamos esto en más detalles en los capítulos que siguen.

¿Qué aprendí en este capítulo?

_____

_____

_____

_____

_____

_____

Citas bíblicas claves

_____   _____

_____   _____

_____   _____

_____   _____

Para recordar

_____

_____

_____

_____

_____

_____

Cuestionario

Llene los espacios en blanco.

El apóstol Pablo advirtió a los Corintios sobre las _____ prácticas que ya eran parte de sus entornos culturales.

Juan en el Apocalipsis señala las _____ de esta comunidad de Judíos, diciéndoles que eran verdaderamente «sinagogas de Satanás».

Si viajamos por el tiempo a los días de la reforma, nos damos cuenta que desde entonces los teólogos cristianos usaron dos criterios básicos para asegurar que la iglesia se mantuviera en la verdad del evangelio.

La correcta _____ de la Palabra.

La correcta _____ de los sacramentos.

8

LA CORRECTA PREDICACIÓN DE LA PALABRA DE DIOS

Sin predicación sana no puede haber iglesia sana.

La predicación correcta de la Palabra de Dios es central para la salud espiritual de la iglesia. Este es el medio principal por el que Dios habla a su pueblo.

Fue por la Palabra de Dios que el universo fue creado.

Cuando Dios entregó Su ley por medio de Moisés a Su pueblo, la importancia de La Palabra es acentuada. Dios les dice que por medio de esa ley ellos prolongarían sus vidas. La Palabra que viene de Dios, da vida.

> *Porque no os es cosa vana; es vuestra vida, y por medio de esta ley haréis prolongar vuestros días sobre la tierra adonde vais, pasando el Jordán, para tomar posesión de ella. Deuteronomio 32:47* RVR1960

La *Nueva Traducción Viviente* lo traduce de esta manera.

> *No son palabras vacías; ¡son tu vida! Si las obedeces, disfrutarás de muchos años en la tierra que poseerás al cruzar el río Jordán». Deuteronomio 32:47* NTV

Así es. Las palabras que vienen de parte de Dios, no son vacías. Son vida. De hecho, la Palabra de Dios cuando es predicada, siempre produce frutos. Nunca regresa vacía.

> *...así será mi palabra que sale de mi boca; no volverá a mí*

vacía, sino que hará lo que yo quiero, y será prosperada en
aquello para que la envié. Isaías 55:11 RVR1960

Esa Palabra de Dios a Su pueblo es central en el Antiguo y Nuevo Testamento, y es por medio de la predicación de la Palabra que los creyentes se salvan.

...agradó a Dios salvar a los creyentes por la locura
de la predicación. 1 Corintios 1:21 RVR1960

Un detalle que no debemos pasar por alto. Note que el texto anterior no dice «salvar a los pecadores». Dice «salvar a los creyentes».

La predicación es eficaz para traer salvación al pecador que nunca la había oído y también para preservar en gracia (seguir salvando) a los que ya son creyentes.

Recuerda que es por gracia que fuimos salvos y es por gracia que nos mantenemos salvos.

Pues mucho más, estando ya justificados en su sangre, por él seremos
salvos de la ira. Porque si siendo enemigos, fuimos reconciliados con
Dios por la muerte de su Hijo, mucho más, estando reconciliados,
seremos salvos por su vida. Romanos 5:9,10 RVR1960

¿Cómo es que llega la salvación?

Sabemos claramente que: «Todo aquel que invocare el nombre del Señor, será salvo» (Romanos 10:13). Pero, ¿qué tiene que suceder antes de que alguien pueda invocar el nombre del Señor? La respuesta está en el versículo que sigue.

¿Cómo, pues, invocarán a aquel en el cual no han creído? ¿Y
cómo creerán en aquel de quien no han oído? ¿Y cómo oirán
sin haber quien les predique? Romanos 10:14 RVR1960

Para que alguien sea salvo, primero necesita oir la Palabra de Dios, y para que esto suceda, la Palabra tiene que ser predicada.

Pablo resume esta idea en el versículo 17.

Así que la fe es por el oír, y el oír, por la palabra
de Dios. Romanos 10:17 RVR1960

La fe que salva solamente puede entrar en función una vez que la Palabra es predicada.

Note la importancia de la correcta predicación de la manera que Pablo lo expone a Timoteo.

...y que desde la niñez has sabido las Sagradas Escrituras, las cuales te pueden hacer sabio para la salvación por la fe que es en Cristo Jesús. 2 Timoteo 3:15 RVR1960

Te encarezco delante de Dios y del Señor Jesucristo, que juzgará a los vivos y a los muertos en su manifestación y en su reino, que prediques la palabra; que instes a tiempo y fuera de tiempo; redarguye, reprende, exhorta con toda paciencia y doctrina. 2 Timoteo 4:1,2 RVR1960

Es evidente que la característica primordial de una iglesia sana, pura y piadosa es la correcta predicación de la Palabra de Dios.

- La correcta predicación de la Palabra siempre tendrá a Jesucristo en el centro
- La correcta predicación de la Palabra de Dios exalta a Dios
- La correcta predicación de la Palabra se esfuerza por predicar todo el consejo de Dios

Recordemos que «toda» la Escritura es inspirada por Dios.

Toda la Escritura es inspirada por Dios, y útil para enseñar, para redargüir, para corregir, para instruir en justicia... 2 Timoteo 3:16 RVR1960

Algo más antes de cerrar este punto.

Para predicar correctamente debemos primero ser buenos lectores. Pablo le entrega este consejo a Timoteo.

Entre tanto que voy, ocúpate en la lectura, la exhortación y la enseñanza. 1 Timoteo 4:13 RVR1960

Antes de exhortar —que sería la predicación pública— o enseñar —que tiene que ver más con la exégesis[30]—, debemos ser lectores y estudiosos. Es necesario que hagamos la costumbre de escudriñar con cuidado y dedicación, los textos sagrados.

¿Qué aprendí en este capítulo?

_____

_____

_____

_____

_____

_____

Citas bíblicas claves

_____   _____

_____   _____

_____   _____

_____   _____

Para recordar

_____

_____

_____

_____

_____

_____

_____

Cuestionario

Llene los espacios en blanco.

Sin _____ sana no puede haber iglesia sana.

La predicación _____ de la Palabra de Dios es central para la salud espiritual de la iglesia.

La característica _____ de una iglesia sana, pura y piadosa es la correcta predicación de la Palabra de Dios.

9

LA CORRECTA ADMINISTRACIÓN DE LOS SACRAMENTOS

El bautismo

El bautismo es un acto de obediencia y a la vez un testimonio público.

El nuevo creyente confiesa públicamente su fe en Jesucristo, diciéndole al mundo que oficialmente es un seguidor de Jesús.

El Señor lo ordenó y es algo que ha marcado a sus seguidores desde el principio de la iglesia.

El bautismo, no es un ritual para añadir gracia a la conversión. Tampoco es un requisito para la salvación. Más bien es un paso de obediencia que sigue después que la salvación ha sucedido.

Por lo regular el bautismo en agua es aceptado sin duda dentro del cristianismo histórico, sin embargo, a veces ha existido cierta confusión en cuanto a su significado.

También han existido enseñanzas erróneas respecto a cómo y quién puede ser bautizado.

Intento aquí aclarar algunos de esos errores y establecer sólida enseñanza en cuanto al bautismo.

Verdades bíblicas acerca del bautismo

Sólo personas que ha creído en Cristo deberían ser bautizadas

La Palabra de Dios, indica claramente que sólo aquellos que han creído en Cristo y lo han confesado públicamente son aptos para el bautismo.

En otras palabras, «la salvación, siempre precede al bautismo».

El bautismo es un testimonio externo de algo que ha ocurrido internamente — la regeneración del nuevo creyente.

Esto lo vemos desde el comienzo de la historia de la iglesia.

Vemos en el capítulo dos del libro de Hechos que Pedro después de haber entregado su primer discurso, muchos de los que habían escuchado la Palabra recibieron gran convicción, de manera que le preguntaron «a Pedro y a los otros apóstoles: Varones hermanos, ¿qué haremos?» (Hechos 2:37).

Pedro les presentó claramente la forma que que podían ser salvos.

> *Pedro les dijo: Arrepentíos, y bautícese cada uno de vosotros en el nombre de Jesucristo para perdón de los pecados; y recibiréis el don del Espíritu Santo. Hechos 2:38* RVR1960

¿Y cuál fue el resultado? Aquí lo vemos.

> *Así que, los que recibieron su palabra fueron bautizados; y se añadieron aquel día como tres mil personas. Hechos 2:41* RVR1960

Dos cosas que quiero hacer notar en ese texto.

La primera es el orden de las cosas. Primero recibieron la palabra y después fueron bautizados. Es decir siguieron la directriz de Pedro quien le había dicho: Arrepentíos, y bautícese cada uno…

La diferencia en tiempo, entre creer y ser bautizados puede ser inmediata. Una persona puede creer y acto seguido bautizarse, y esto es completamente bíblico.

La segunda cosa que quiero hacer notar es que muchos han mal usado el versículo 38 para decir que el bautismo es un requisito para la salvación.

No lo es. Sin embargo, el bautismo público es una señal de que alguien no se avergüenza de Cristo, y en el contexto de la posible persecución que un nuevo creyente recibirá por causa de confesar a Jesús como su Señor públicamente, es evidencia de que una verdadera transformación ha ocurrido en el corazón.

Podemos contar a tres mil personas como nuevos creyentes, porque estos estuvieron dispuestos a dar testimonio público de Jesús por medio del bautismo.

Hoy en día, muchos —que dicen ser cristianos— esconden su fe en su lugar de empleo, sólo para evitar alguna burla o cierta presión. Y eso no es persecución. No están encerrando cristianos en la cárcel o echándolos a las fieras en la arena pública.

Se imagina que estos creyentes en el primer siglo, sabiendo que serían verdaderamente perseguidos, estaban dispuestos a bautizarse públicamente.

Sólo una conversión verdadera puede provocar tal valentía.

Este es el patrón en la iglesia primitiva. La gente escuchaba el evangelio, creían, y se bautizaban.

> *Pero cuando creyeron a Felipe, que anunciaba el evangelio del reino de Dios y el nombre de Jesucristo, se bautizaban hombres y mujeres. Hechos 8:12* RVR1960

Note que primero dice «creyeron» y luego «se bautizaban». Ese es el orden.

En el caso del eunuco etíope, vemos el mismo orden.

El etíope, primero escucha el mensaje de parte de Felipe, luego cree y es bautizado.

> *Entonces Felipe, abriendo su boca, y comenzando desde esta escritura, le anunció el evangelio de Jesús. Y yendo por el camino, llegaron a cierta agua, y dijo el eunuco: Aquí hay agua; ¿qué impide que yo sea bautizado? Felipe dijo: Si crees de todo corazón, bien puedes. Y respondiendo, dijo: Creo que Jesucristo es el Hijo de Dios. Y mandó parar el carro; y descendieron ambos al agua, Felipe y el eunuco, y le bautizó. Hechos 8:35—38* RVR1960

Otra vez, vemos el orden. El eunuco pregunta: ¿qué impide que yo sea bautizado?, y Felipe le dice claramente: «Si crees de todo corazón, bien puedes» y el eunuco dijo: «Creo que Jesucristo es el Hijo de Dios»(v.37). Entonces Felipe «le bautizó»(v.38).

Creer siempre precede al bautismo.

Entonces vemos que en la iglesia desde el principio, sólo aquellos que personalmente profesan fe en Cristo son bautizados.

Esta es la razón por la que el bautismo de infantes no es bíblico. Un recién nacido, no puede hacer una profesión pública de fe en Cristo.

Es importante tener convicción en cuanto a quién puede ser bautizado. La controversia también existe porque esto define quién, cuándo y cómo es añadido a la iglesia.

La iglesia católica romana, enseña que el bautismo realmente regenera y hace a alguien un verdadero cristiano así como un miembro de la iglesia universal.

Ellos usan lo que llaman «ex opere operato»[31]. La iglesia de roma estableció esta distinción, «para ubicar la fuente del efecto santificador en el rito sacramental mismo, y no en la santidad del ministro». En otras palabras, de acuerdo a la teología católica, el sacramento por sí mismo tiene el poder santificador. Al bautizar a un niño (de acuerdo a ellos) el sacramento lo santifica, independientemente de la intención o las creencias de la persona que lo bautiza.

Por esto le llaman al acto del bautismo infantil «christening»[32] en el mundo de habla inglesa lo cual definen como «un sacramento de admisión y adopción»[33].

A un infante lo cristianizan (lo hacen parte de la iglesia) sin su consentimiento.

Esta práctica también la vemos dentro de denominaciones protestantes, especialmente aquellas derivadas de la reforma. Con algunas excepciones notables, los cristianos reformados bautizan a los bebés que nacen de padres creyentes [34].

Los reformadores, reformaron muchas cosas esenciales, especialmente lo que corresponde a la «justificación por fe», pero dejaron intactas muchas de las enseñanzas del catolicismo, especialmente en referencia a los sacramentos.

Algunos protestantes como los metodistas, presbiterianos y episcopales, también conocidos como paidobautistas[35], practican el bautismo infantil. Estos argumentan que el bautismo de un niño nacido en una familia creyente lo convierte en miembro de la comunidad del pacto, y que este bautismo simboliza una posible regeneración futura, pero no le confiere la salvación como creen los católicos romanos.

La enseñanza de bautizar niños, por muy tradicional que sea, no posee fundamento bíblico.

No encontramos precedentes de esto en el Nuevo Testamento. La iglesia del libro de los Hechos no bautizaba niños. Ni Pablo, ni Pedro, ni ningún otro apóstol del Señor lo enseña.

Aún teólogos paidobautistas reconocen esto. Por ejemplo, en un intercambio entre el teólogo bautista A.H. Strong y el teólogo prebiteriano B.B. Warfield sobre el tema del bautismo infantil vemos lo siguiente.

En su Teología Sistemática, Strong afirma:

> *(a) El bautismo de infantes no tiene justificación, ya sea expresa o implícita, en las Escrituras. (b) El bautismo infantil se contradice expresamente [por las Escrituras]*[36].

A lo cual, B.B. Warfield respondió:

> *«En este sentido de las palabras, podemos admitir su primera declaración: que no existe un mandamiento expreso de que los infantes sean bautizados; y con esto también el segundo: que no hay en la Escritura un ejemplo claro del bautismo de infantes...»*[37].

En realidad, no hay apoyo bíblico para el bautismo de infantes.

Los paidobautistas presentan otro argumento, diciendo que el bautismo en el Nuevo Testamento es paralelo a la circuncisión física en el Antiguo Testamento.

El razonamiento detrás de esto es que debido a que los niños fueron circuncidados en el Antiguo Testamento como una señal externa de entrada al antiguo pacto, los hijos infantes bebés de creyentes deben ser bautizados como señal de entrada al nuevo pacto.

Verdaderamente esto no tiene sentido, y la biblia nunca estableció un paralelismo entre la circuncisión y el bautismo.

Aún más. Pablo dice a la iglesia del nuevo pacto en Gálatas «que si os circuncidáis, de nada os aprovechará Cristo»(Gálatas 5:2).

Pablo nos dice en Romanos 2:29 que «la circuncisión es la del corazón, en espíritu». Otra vez, la necesidad para una evidencia física de la circuncisión en el nuevo pacto es no-existente.

El bautismo es para aquellos que han creído en Jesucristo, han sido salvos por gracia, y ahora en obediencia declaran públicamente esa fe por medio de este.

El bautismo bíblico es por inmersión

La palabra de Dios también nos enseña el método.

La palabra «bautizar» viene del griego «baptizō» (βαπτίζω) que generalmente significa «sumergir, para hacer abrumado (es decir, completamente mojado)»[38].

Veamos algunos ejemplos.

> *Y salían a él toda la provincia de Judea, y todos los de Jerusalén; y eran bautizados por él en el río Jordán, confesando sus pecados. Marcos 1:5* RVR1960

Juan bautizaba en el Jordán. Aunque la palabra «bautizar» significa «sumergir», que es suficiente para ver que el bautismo de Juan era por inmersión, de todas formas, hay un detalle más que podemos ver cuando leemos sobre el bautismo de Juan el Bautista en el evangelio de Juan.

> *Juan bautizaba también en Enón, junto a Salim, porque había allí muchas aguas; y venían, y eran bautizados. Juan 3:23* RVR1960

Note que dice que «Juan bautizaba también en Enón». ¿Por qué en Enón?

El texto dice, «porque había allí muchas aguas». No habría necesidad de «muchas aguas» si el bautismo era por aspersión, ¿cierto?

Marcos nos dice que después de que Jesús fue bautizado, «subía del agua».

Y luego, cuando subía del agua, vio abrirse los cielos, y al Espíritu como paloma que descendía sobre él. Marcos 1:10 RVR1960

La *Traducción en Lenguaje Actual* dice que Jesús «salió del agua».

Cuando Jesús salió del agua, vio que se abría el cielo, y que el Espíritu de Dios bajaba sobre él en forma de paloma. Marcos 1:10 TLA

De igual manera lo dice la *Nueva Traducción Viviente*.

Cuando Jesús salió del agua, vio que el cielo se abría y el Espíritu Santo descendía sobre él como una paloma. Marcos 1:10 NTV

Visitemos de nuevo la historia del Eunuco y Felipe.

Y mandó parar el carro; y descendieron ambos al agua, Felipe y el eunuco, y le bautizó. Cuando subieron del agua, el Espíritu del Señor arrebató a Felipe; y el eunuco no le vio más, y siguió gozoso su camino. Hechos 8:38,39 RVR1960

Note que el versículo 38 dice que «descendieron ambos al agua» y el 39 dice «subieron del agua».

Descender al agua y subir del agua claramente significa «inmersión».

Si el bautismo hubiera sido por aspersión, no tenían necesidad de «descender al agua». Con un poquito de agua que tuviera el Etíope en una vasija hubiera sido suficiente. ¿No cree que alguien que viajaba de Judea a África tendría agua con él en su carro?

Usted dirá que no hace ninguna diferencia, inmersión o aspersión —al cabo es un símbolo.

Es un detalle importante ver la representación del bautismo por inmersión.

Vamos a Romanos 6.

¿O no sabéis que todos los que hemos sido bautizados en Cristo
Jesús, hemos sido bautizados en su muerte? Porque somos sepultados
juntamente con él para muerte por el bautismo, a fin de que como
Cristo resucitó de los muertos por la gloria del Padre, así también
nosotros andemos en vida nueva. Romanos 6:3,4 RVR1960

El bautismo representa nuestra muerte al pecado y resurrección a vida con Cristo. Representa nuestra unión con Cristo. Muertos y sepultados con Él, y resucitados con Él.

Pablo en Romanos nos ha dado el verdadero simbolismo y significado del bautismo.

Al bautizarnos, le estamos diciendo al mundo que hemos muerto y hemos sido sepultados con Cristo, y que también hemos sido resucitados con Él a una vida nueva.

El bautismo no es necesario para la salvación

El bautismo en agua no es un requisito para la salvación. Sin embargo, es un acto de obediencia que expresa nuestra fe y sumisión a Cristo.

De hecho, este es una parte esencial de la obediencia a Cristo, pues Él ordenó que todo aquél que cree sea bautizado.

Estamos claros, como ya lo hemos tocado en esta serie, que somos salvos, justificados, regenerados, por gracia mediante la fe «y esto no de vosotros» (Efesios 2:8).

Si el bautismo en agua fuese un requisito para la salvación, entonces ya no sería por gracia solamente —incluiría obras.

Sin embargo, el bautismo es el siguiente paso para el que ha sido salvo, y este es un paso de obediencia. Entonces, es necesario para la obediencia a Cristo.

Entonces, podemos decir que el bautismo es sencillamente un testimonio público de la obra interna de regeneración que Dios ha hecho en nosotros por medio de Su Espíritu Santo, y a la vez, un acto de obediencia a Cristo.

El bautismo nos identifica como seguidores de Cristo.

Por eso, es que los ancianos deben estar seguros que alguien esté bautizado antes que se pueda identificar como miembro de la congregación local.

La Cena del Señor

El bautismo en agua es una ordenanza que debe observarse una sola vez como testimonio público de nuestra fe en Cristo, y esto ocurre al comienzo de la vida cristiana. Sin embargo, la Cena del Señor es para observarse regularmente, en continua comunión con Cristo.

La Cena del Señor fue instituida por Él mismo, la noche antes de ir a la cruz.

Y mientras comían, tomó Jesús el pan, y bendijo, y lo partió, y dio a sus discípulos, y dijo: Tomad, comed; esto es mi cuerpo. Y tomando la copa, y habiendo dado gracias, les dio, diciendo: Bebed de ella todos; porque esto es mi sangre del nuevo pacto, que por muchos es derramada para remisión de los pecados. Y os digo que desde ahora no beberé más de este fruto de la vid, hasta aquel día en que lo beba nuevo con vosotros en el reino de mi Padre. Mateo 26:26—29 RVR1960

Una vez instituida, la observación de la Cena del Señor se convirtió en una práctica regular en las congregaciones de creyentes desde el comienzo de la historia de la iglesia, hasta el día de hoy.

Porque yo recibí del Señor lo que también os he enseñado: Que el Señor Jesús, la noche que fue entregado, tomó pan; y habiendo dado gracias, lo partió, y dijo: Tomad, comed; esto es mi cuerpo que por vosotros es partido; haced esto en memoria de mí. Asimismo tomó también la copa, después de haber cenado, diciendo: Esta copa es el nuevo pacto en mi sangre; haced esto todas las veces que la bebiereis, en memoria de mí. Así, pues, todas las veces que comiereis este pan, y bebiereis esta copa, la muerte del Señor anunciáis hasta que él venga. 1 Corintios 11:23—26 RVR1960

Note que Pablo dice «todas las veces que comiereis este pan, y bebiereis esta copa», lo cual nos confirma que esta práctica debe ser repetida.

¿Cuál es el significado de la Cena del Señor?

En el acto de esta práctica encontramos varios simbolismos.

1. La muerte de Cristo

La muerte de Cristo es simbolizada en la Cena del Señor. El pan partido simboliza el cuerpo quebrantado de Cristo, y la copa simboliza el derramamiento de la sangre de Cristo.

> *Así, pues, todas las veces que comiereis este pan, y bebiereis esta copa, la muerte del Señor anunciáis hasta que él venga. 1 Corintios 11:26* RVR1960

2. Nuestra unión con Cristo

Al participar del pan y la copa somos unidos con Él en lo que sucedió en la cruz, cuando Su cuerpo fue quebrantado y Su sangre derramada por nosotros. Somos partícipes, tenemos comunión con Él.

3. Alimento espiritual

De la misma forma que necesitamos la comida ordinaria para la alimentación de nuestros cuerpos físicos, los elementos de la Cena del Señor, simbolizan el alimento y el refrigerio que Cristo da a nuestras almas.

> *Jesús les dijo: De cierto, de cierto os digo: Si no coméis la carne del Hijo del Hombre, y bebéis su sangre, no tenéis vida en vosotros. El que come mi carne y bebe mi sangre, tiene vida eterna; y yo le resucitaré en el día postrero. Porque mi carne es verdadera comida, y mi sangre es verdadera bebida. El que come mi carne y bebe mi sangre, en mí permanece, y yo en él. Como me envió el Padre viviente, y yo vivo por el Padre, asimismo el que me come, él también vivirá por mí. Juan 6:53—57* RVR1960

4. Nuestra unidad con otros creyentes

El símbolo de la familia que se sienta a la mesa juntos. Así, cuando participamos de la Cena del Señor con otros creyentes, estamos practicando la unidad. Somos una familia en Él.

¿Cómo está Cristo presente en la Cena del Señor?

Existen varios puntos de vista en cuanto a la forma en que el Señor está presente cuando celebramos la Cena del Señor. La manera en que se interpretan las palabras «Este es mi cuerpo» tiene mucho que ver con la posición que se tome al respecto.

De una manera más precisa, mucho depende de cómo se interprete el verbo «es».

«Es» puede indicar identidad, atributo, causa, semejanza o cumplimiento[39].

Algunos dicen que «es» significa identidad y otros dicen que «es» significa semejanza.

Veremos los tres principales puntos de vista.

La transubstanciación (punto de vista católico romano)

Los católicos romanos enseñan que el pan y el vino en realidad se convierten en esencia en el cuerpo y la sangre de Cristo.

Ellos creen que durante la misa, cuando el sacerdote dice: «Este es mi cuerpo», el pan se convierte en el cuerpo físico y literal de Cristo. Para ellos, «es» significa identidad. Creen que el cuerpo y la sangre de Cristo están literalmente en el ritual. No ven el simbolismo.

Es como si Cristo fuese crucificado cada vez que practican la Santa Cena.

Sabemos que esto no es así. Cristo fue crucificado una sola vez.

> *...y recayeron, sean otra vez renovados para arrepentimiento, crucificando de nuevo para sí mismos al Hijo de Dios y exponiéndole a vituperio. Hebreos 6:6* RVR1960

La consubstanciación (punto de vista de Lutero)

Fue Martin Lutero (el reformador) quien presentó esta posición.

Hasta el día de hoy, todavía muchos luteranos retienen este punto de vista. Ellos aceptan que el pan y el vino no se convierten literalmente en el cuerpo y la sangre de Cristo, pero si creen que el cuerpo físico de Cristo está literalmente presente «en, con y debajo» del pan físico y del vino. Como que de algún modo, Cristo está «contenido» en los elementos. Lutero creía que las palabras «este es mi cuerpo», eran literales.

Este punto de vista no está muy lejos de lo que cree la iglesia de Roma. Como he dicho antes, la reforma no reformó todo.

La presencia espiritual (interpretación simbólica)

El resto de las iglesias protestantes, se adhieren a esta posición. El pan y el vino simbolizan el cuerpo y la sangre de Cristo.

La presencia del Señor en la Cena y espiritual. Es decir, el Espíritu Santo está presente con nosotros todo el tiempo como Jesús lo prometió (Juan 14:17).

Requisitos para participar de la Cena del Señor

Existen tres requisitos para que una persona pueda participar de la Cena del Señor.

1. El que va a participar de la Cena del Señor, debe ser creyente en Cristo.

Porque el que come y bebe indignamente, sin discernir el cuerpo del Señor, juicio come y bebe para sí. Por lo cual hay muchos enfermos y debilitados entre vosotros, y muchos duermen. 1 Corintios 11:29,30 RVR1960

2. Debe haber dado testimonio público de que es un seguidor de Cristo. Por eso la mayor parte de las congregaciones enseñan que un creyente debe ser primeramente bautizado en agua antes de participar de la Cena del Señor.

La Biblia no establece explícitamente este orden. Sin embargo, como he dicho antes, el bautismo es un testimonio público de que alguien es seguidor de Cristo.

Acá en Estados Unidos, algunas congregaciones practican lo que se llama «comunión cerrada» y es que sólo los que son miembros de la congregación pueden participar de la Cena del Señor. Otras congregaciones practican lo que se llama «comunión abierta», lo que significa que creyentes de otras congregaciones que estén de visita, pueden participar de la Cena del Señor.

3. La Cena del Señor es una práctica seria y se debe tomar con reverencia y respeto. Pablo dice «pruébese cada uno a sí mismo», lo que significa que debemos tener un espíritu de autoexamen a la hora de participar. No debemos comer y beber indignamente.

De manera que cualquiera que comiere este pan o bebiere esta copa del Señor indignamente, será culpado del cuerpo y de la sangre del Señor. Por tanto, pruébese cada uno a sí mismo, y coma así del pan, y beba de la copa. Porque el que come y bebe indignamente, sin discernir el cuerpo del Señor, juicio come y bebe para sí. 1 Corintios 11:27—29 RVR1960

¿Qué aprendí en este capítulo?

_____

_____

_____

_____

_____

_____

Citas bíblicas claves

_____   _____

_____   _____

_____   _____

_____   _____

Para recordar

_____

_____

_____

_____

_____

_____

Cuestionario

Llene los espacios en blanco.

El bautismo es un acto de _____ y a la vez un testimonio público.

El nuevo creyente confiesa públicamente su fe en Jesucristo, diciéndole al mundo que _____ es un seguidor de Jesús.

El bautismo ha marcado a los seguidores de Jesús desde el _____ de la iglesia.

El bautismo, no es un _____ para añadir gracia a la conversión.

La Cena del Señor fue _____ por Él mismo, la noche antes de ir a la cruz.

El pan y el vino _____ el cuerpo y la sangre de Cristo.

El que va a participar de la Cena del Señor, debe ser _____ en Cristo.

La Cena del Señor es una práctica seria y se debe tomar con _____ y respeto.

10

LA DISCIPLINA ECLESIÁSTICA

El Señor siempre ha llamado a Su pueblo a separarse del mal y presentar conducta buena y agradable a Él.

Esto lo vemos desde los días de la ley.

> *El SEÑOR habló a Moisés diciendo: "Habla a toda la congregación de los hijos de Israel y diles: 'Sean santos, porque yo, el SEÑOR su Dios, soy santo. Levítico 19:1-2* RVA-2015

Sin embargo, vemos que el pueblo de Dios, muchas veces se ha rebelado contra Su creador.

Cuando Dios le entregó la ley a Su pueblo por medio de Moisés, les enseñó el principio de la disciplina. La rebeldía trae consecuencias y daña al creyente.

En el Nuevo Pacto, a pesar de que estamos en un «mejor pacto, establecido sobre mejores promesas» (Hebreos 8:6), y tenemos la eterna seguridad de que Dios nos ha tomado por hijos y estamos guardados en Él.

Aún así, Dios practica la disciplina con el creyente y esto es un acto de amor.

> *...porque el Señor al que ama, disciplina, y azota a todo el que recibe por hijo.» Si soportáis la disciplina, Dios os trata como a hijos; porque ¿qué hijo es aquel a quien el padre no disciplina? Pero si se os deja sin disciplina, de la cual todos han sido participantes,*

entonces sois bastardos, no hijos. Hebreos 12:6—8 RVR1995

Para que las congregaciones se mantengan saludables espiritualmente y puedan guiar a los creyentes a resistir al pecado, la disciplina ha sido establecida en la iglesia del Nuevo Pacto.

Pablo escribe a la iglesia en Corinto y le dice que ejerzan la disciplina correcta con alguien que estaba fuera de orden.

> *Porque ¿qué razón tendría yo para juzgar a los que están fuera? ¿No juzgáis vosotros a los que están dentro? Porque a los que están fuera, Dios juzgará. Quitad, pues, a ese perverso de entre vosotros. 1 Corintios 5:12,13* RVR1960

Aquí vemos que en la iglesia la enseñanza correctiva es tan importante como la enseñanza formativa.

Propósitos de la disciplina dentro de la iglesia

Aquí doy dos razones por las cuales la disciplina es necesaria.

1. Para la restauración y la reconciliación

El creyente que se extravía, o cae en alguna falta moral, necesita la corrección.

Es como un auto que se desvía de la ruta y el chofer al darse cuenta, toma el mapa y «corrige» el rumbo.

La disciplina siempre se debe hacer en el contexto de amor y restauración. No fuimos llamados a herir y desechar a personas que están luchando con alguna debilidad. Por eso es necesario que como ministros nos equipemos para ser instrumentos de sanidad.

No podemos caer en el legalismo de exigencias a reglas humanas.

> *Hermanos, si alguno fuere sorprendido en alguna falta, vosotros que sois espirituales, restauradle con espíritu de mansedumbre, considerándote a ti mismo, no sea que tú también seas tentado. Gálatas 6:1* RVR1960

Hay muchos creyentes que lidian con problemas de adicciones y tienen recaídas, sufren por sus faltas y aman al Señor. Tenemos que tener paciencia con los que son más débiles.

Así que, los que somos fuertes debemos soportar las
flaquezas de los débiles… Romanos 15:1 RVR1960

La corrección en el contexto de amor y restauración puede ser el instrumento que guía a alguien débil o inmaduro a afirmarse en el Señor.

La disciplina no es para destruir al que es hijo de Dios, sino para afirmarlo.

…y habéis ya olvidado la exhortación que como a hijos se os dirige,
diciendo: «Hijo mío, no menosprecies la disciplina del Señor ni desmayes
cuando eres reprendido por él, porque el Señor al que ama, disciplina,
y azota a todo el que recibe por hijo.» Hebreos 12:5,6 RVR1995

Ahora. Debemos discernir entre alguien que peca por debilidad y quiere ser ayudado y alguien que peca deliberadamente y no acepta la corrección (en el segundo punto hablo de cómo tratar con este).

No se puede aplicar la misma regla con todos. Pablo nos da una idea de cómo tratar con diferentes tipos de creyentes.

También os rogamos, hermanos, que amonestéis a los ociosos, que
alentéis a los de poco ánimo, que sostengáis a los débiles, que seáis
pacientes para con todos. 1 Tesalonicenses 5:14 RVR1960

Quiere decir que al ocioso y al débil no se pueden tratar de la misma manera. Al ocioso hay que amonestarlo, a los que se desaniman hay que alentarlos, mientras que al débil hay que sostenerlo. A todos hay que tenerles paciencia.

Sin embargo, cuando un cristiano falla, y se corrige, e insiste en seguir pecando, es el trabajo del gobierno de la iglesia local, amonestarle en amor, para lograr el arrepentimiento y restaurar su comunión (2 Corintios 2:6). Si el arrepentimiento no ocurre, y la persona insiste en pecar, inclusive dañar el testimonio de la congregación como grupo, entonces se han de ejercer medidas más severas.

Como ministros, una de las peores cosas que podemos hacerle a alguien es decirle que es salvo, cuando no tiene interés por abandonar su pecado.

2. Para evitar que el pecado se propague a otros

En el caso de alguien que descaradamente y sin vergüenza, insiste en pecar y traer por su mala conducta daño a otros creyentes —especialmente a nuevos creyentes— entonces por amor y para proteger el resto de la congregación, los ancianos después de haber orado y pedido dirección a Dios, pueden considerar separarlo de la congregación.

> *...el tal sea entregado a Satanás para destrucción de la carne, a fin de que el espíritu sea salvo en el día del Señor Jesús. 1 Corintios 5:5* RVR1960

En este caso, si se permite que alguien viva una vida de pecado y a la vez goce de los privilegios de ser miembro de la congregación, esto puede dañar a otros. Como dice el antiguo dicho: «Una papa podrida, puede podrir todo el saco».

En mis años de pastorado me he visto obligado a tomar decisiones de esta índole pocas veces. Recuerdo un caso especial, y fue muy difícil, algunos me acusaron de que no tenía amor.

Al final del día, mi conciencia estaba limpia, pues sabía que la disciplina severa a esta persona —que además de permanecer abiertamente en pecados morales graves, desafiaba y daba mal ejemplo a otros más jóvenes— era la acción correcta a tomar.

Después de unos años, pudimos ver que aquella acción resultó en buenos frutos.

La Palabra de Dios, nos advierte del peligro del pecado y de cómo se puede propagar.

> *Mirad bien, no sea que alguno deje de alcanzar la gracia de Dios; que brotando alguna raíz de amargura, os estorbe, y por ella muchos sean contaminados... Hebreos 12:15* RVR1960

> *A los que persisten en pecar, repréndelos delante de todos, para que los demás también teman. 1 Timoteo 5:20* RVR1960

> *Y vosotros estáis envanecidos. ¿No debierais más bien haberos*

lamentado, para que fuese quitado de en medio de vosotros
el que cometió tal acción? 1 Corintios 5:2 RVR1960

No es buena vuestra jactancia. ¿No sabéis que un poco de
levadura leuda toda la masa? 1 Corintios 5:6 RVR1960

Tomar una acción dura respecto a alguien que persiste en continuar pecando, protegerá la pureza de la iglesia y el honor de Cristo.

¿Qué aprendí en este capítulo?

_____

_____

_____

_____

_____

_____

Citas bíblicas claves

_____   _____

_____   _____

_____   _____

_____   _____

Para recordar

_____

_____

_____

_____

_____

_____

_____

Cuestionario

Llene los espacios en blanco.

El Señor siempre ha llamado a Su pueblo a _____ del mal y presentar conducta buena y agradable a Él.

Cuando Dios le entregó la ley a Su pueblo por medio de Moisés, les enseñó el principio de la disciplina. La rebeldía trae _____ y daña al creyente.

La _____ en el contexto de amor y restauración puede ser el instrumento que guía a alguien débil o inmaduro a afirmarse en el Señor.

La disciplina no es para _____ al que es hijo de Dios, sino para afirmarlo.

11

EL GOBIERNO DE LA IGLESIA

¿Qué dice la Biblia acerca de quién y cómo se gobierna la iglesia?

Ya sabemos que el Señor es cabeza de la iglesia y esta Su cuerpo.

> *...y lo dio por cabeza sobre todas las cosas a la iglesia, la cual es su cuerpo, la plenitud de Aquel que todo lo llena en todo. Efesios 1:22,23* RVR1960

Sin embargo, Dios ha entregado una autoridad terrenal a aquellos a quienes Él ha encomendado cuidar del rebaño. Dios es Dios de orden, y para que los asuntos de la iglesia se gobiernen con orden, Él ha establecido ciertos parámetros.

Históricamente, por lo general han existido tres formas de gobierno de la iglesia. Y existe variedad aun dentro de estas tres maneras de gobernar.

Estas regularmente se conocen como «gobierno episcopal, gobierno presbiteriano y gobierno congregacional».

Veamos los métodos y las diferencias. También les compartiré la manera que considero más bíblica y más práctica probada a través del tiempo.

Gobierno Episcopal

El sistema de gobierno episcopal[40] otorga la autoridad final a un arzobispo como especie de un presidente que es cabeza sobre otros obispos. Estos obispos, entonces presiden sobre varias congregaciones locales que corresponden a un área o distrito. A esta área comúnmente llaman «diócesis». Este es un sistema de jerarquías, donde la autoridad corre de arriba hacia abajo.

Los que defienden este tipo de gobierno, argumentan que a los apóstoles se les dio este tipo de autoridad sobre las iglesias, y que sus sucesores (que son considerados obispos), deben seguir este método. Vemos este tipo de gobierno en iglesias ya en el segundo siglo, y hasta el día de hoy. Este tipo de gobierno está presente en algunas denominaciones protestantes todavía en el presente. El catolicismo romano, usa una variación de este tipo de jerarquías en la que el Papa es el líder supremo, luego los Cardenales, Arzobispos, Obispos y Sacerdotes locales[41].

Gobierno Presbiteriano

En un sistema de gobierno presbiteriano[42], la autoridad principal está a cargo de un grupo de ancianos a nivel denominación, luego, debajo de estos están los presbíteros, y debajo de estos los ancianos de la iglesia local, pastores, diáconos, etc...

Este sistema argumenta que derivan sus principios de gobierno siguiendo el modelo de ancianos de la iglesia primitiva. Sin embargo, los ancianos en la iglesia primitiva eran establecidos a nivel local, a diferencia del sistema presbiteriano donde ancianos son establecidos a nivel denominacional, lo que quiere decir que todavía existe un sistema de jerarquías.

Gobierno Congregacional

En el sistema de gobierno congregacional[43] cada iglesia local es autónoma. La autoridad para todos los asuntos está en manos de la congregación. Es decir, la autoridad es compartida.

Mientras que el gobierno espiscopal es un sistema de jerarquías, y estas existen también en el sistema presbiteriano, en el gobierno congregacional vemos algo diferente.

Para comenzar, es un sistema más libre de corrupción. Los grandes sistemas de jerarquías tienden a adquirir poder, por el hecho de que la centralización y el sometimiento de los muchos, concentra el poder en los de arriba, y el poder corrompe. Como dijo Lord Acton «El poder tiende a corromper, el poder absoluto corrompe absolutamente»[44].

El congregacionalismo es en mi opinión el sistema de gobierno más apegado al modelo de la iglesia primitiva. En el Nuevo Testamento, las congregaciones locales tenían la responsabilidad de gobernar, ocuparse de asuntos doctrinales (Gálatas 1:8; 2 Timoteo 4:3), asuntos de disciplina (1 Corintios 5:4,5) y el cuidado de los miembros de la congregación local (2 Corintios 2:6—8).

Cuando leemos las cartas vemos que el énfasis de los encargos son hechos a las congregaciones más que a líderes individuales.

El hecho de que exista un sacerdocio de creyentes, sugiere obviamente que la iglesia está directamente bajo el gobierno de Cristo en lugar de estar bajo una jerarquía de hombres.

Entonces, ¿qué papel juegan los ancianos en el gobierno de la iglesia?

El gobierno de los ancianos

Cuando el gobierno es repartido entre varios, también se reparten las responsabilidades, las pruebas, y las persecuciones.

Es mejor ser perseguido en grupo que ser perseguido solo.

Hay más protección cuando se trabaja en equipo que cuando toda la responsabilidad está sobre una sola persona.

Veamos ejemplos de este gobierno en operación.

Los ancianos que gobiernan bien, sean tenidos por dignos de doble honor, mayormente los que trabajan en predicar y enseñar. 1 Timoteo 5:17 RVR1960

Es saludable cuando los ancianos (en plural) toman decisiones y administran la economía de la iglesia local en lugar de poner a una sola persona sobre el tesoro. Este es el ejemplo que Pablo le deja a las iglesias.

...evitando que nadie nos censure en cuanto a esta ofrenda

abundante que administramos 2 Corintios 8:20 RVR1960

Los ancianos pertenecen a la iglesia local, o la iglesia de la ciudad. Es un gobierno local, y autónomo.

> *Y constituyeron ancianos en cada iglesia, y habiendo orado con ayunos, los encomendaron al Señor en quien habían creído. Hechos 14:23* RVR1960

> *Por esta causa te dejé en Creta, para que corrigieses lo deficiente, y establecieses ancianos en cada ciudad, así como yo te mandé... Tito 1:5* RVR1960

Note que dice «en cada iglesia» o «en cada ciudad». Es decir que los ancianos no pertenecían a un presbiterio a nivel denominacional, sino a un cuerpo a nivel local.

Pablo establecía ancianos en las iglesias locales y luego les daba autonomía —no los controlaba.

En el apóstol Pablo no vemos las demandas que los jerarcas de hoy en día imponen sobre las congregaciones.

De hecho, Pablo no exigía nada, mas pedía las cosas «no como de exigencia» (2 Corintios 9:5).

Ya una vez que los ancianos estaban establecidos, Pablo consultaba con ellos cuando tenían que tratar alguna cuestión. Es decir, que respetaba la autoridad que estos ejercían.

> *Como Pablo y Bernabé tuviesen una discusión y contienda no pequeña con ellos, se dispuso que subiesen Pablo y Bernabé a Jerusalén, y algunos otros de ellos, a los apóstoles y a los ancianos, para tratar esta cuestión. Hechos 15:2* RVR1960

> *Enviando, pues, desde Mileto a Efeso, hizo llamar a los ancianos de la iglesia. Hechos 20:17* RVR1960

Los ancianos cuidan espiritualmente de las necesidades de los creyentes locales.

> *¿Está alguno enfermo entre vosotros? Llame a los ancianos de la iglesia, y oren por él, ungiéndole con aceite en el nombre del Señor. Santiago 5:14* RVR1960

Entonces ¿donde quedan los modernos seudo-apóstoles que someten iglesias y grupos bajo la llamada «cobertura»?

Simplemente son falsos. Personas que practican la manipulación para crecer en poder y riquezas.

De hecho, esa práctica de jerarquías, sencillamente no es bíblica.

En resumen

Como cuerpo de Cristo hemos recibido del Señor las directrices en cuanto a cómo funcionar como Sus representantes en esta tierra, cómo practicar compañerismo y ayudarnos los unos a los otros de manera que podamos crecer juntos y ser ejemplares con los que no conocen, para que por medio de nuestro amor y unidad, vean a Cristo en nosotros y reciban las buenas noticias de salvación y esperanza eterna en sus vidas.

¿Qué aprendí en este capítulo?

_____

_____

_____

_____

_____

_____

Citas bíblicas claves

_____   _____

_____   _____

_____   _____

_____   _____

Para recordar

_____

_____

_____

_____

_____

_____

Cuestionario

Llene los espacios en blanco.

El Señor es _____ de la iglesia y esta Su cuerpo.

El sistema de gobierno _____ otorga la autoridad final a un arzobispo como especie de un presidente que es cabeza sobre otros obispos.

En un sistema de gobierno _____, la autoridad principal está a cargo de un grupo de ancianos a nivel denominación, luego, debajo de estos están los presbíteros, y debajo de estos los ancianos de la iglesia local, pastores, diáconos, etc...

En el sistema de gobierno _____ cada iglesia local es autónoma. La autoridad para todos los asuntos está en manos de la congregación. Es decir, la autoridad es compartida.

Cuando el gobierno es repartido entre varios, también se reparten las _____, las pruebas, y las persecuciones.

Es mejor ser perseguido en _____ que ser perseguido solo.

Pablo establecía ancianos en las iglesias locales y luego les daba _____ —no los controlaba.

Notas

Por ser publicado primero en Estados Unidos, las fechas de captura debajo se escriben en el orden: Mes-Día-Año. Las citas tienen formato uniforme, sólo cuando es posible, pues hemos respetado la manera en que algunas fuentes prefieren ser citadas, y esto a veces difiere de los formatos convencionales.

Eclesiología: La doctrina de la Iglesia

1. New World Encyclopedia. Ecclesiology. https://www.newworldencyclopedia.org/entry/ecclesiology (Capturado Marzo 21, 2021).

2. Ekklēsia. STRONGS NT 1577: ἐκκλησία. Una asamblea del pueblo convocada en el lugar público del consejo con el propósito de deliberar. Una asamblea de cristianos reunidos para la adoración en una reunión religiosa.

   https://www.blueletterbible.org/lang/lexicon/lexicon.cfm?t=kjv&strongs=g1577

3. Eclesiología. Etimología. Eclesiología viene del griego ekklesia (ἐκκλησία), que se convirtió a su vez en el latín ecclesia, y que simplemente significa una reunión de gente. https://en.wikipedia.org/wiki/Ecclesiology (Capturado Marzo 21, 2021).

4. Pérez, JA. Iglesia Postpandemia: Modelos relevantes de evangelismo y misiones en una era de tecnología y movilidad. Tisbita Publishing House.

5. Grudem, Wayne. Teología Sistemática.

6. Ídem.

7. Zorobabel. https://es.wikipedia.org/wiki/Zorobabel (Capturado Junio 17, 2020).

8. Reinado de Darío Iro. https://es.wikipedia.org/wiki/Dar%C3%ADo_I (Capturado Junio 17, 2020).

9. Seléucidas. https://es.wikipedia.org/wiki/Sele%C3%BAcida (Capturado Junio 17, 2020).

10. Judas Macabeo. https://es.wikipedia.org/wiki/Judas_Macabeo (Capturado Junio 17, 2020).

11. Herodes El Grande. https://es.wikipedia.org/wiki/Herodes_el_Grande (Capturado Junio 17, 2020).

12. Emperador Tito. https://es.wikipedia.org/wiki/Tito (Capturado Junio 17, 2020).

13. El sitio de Jerusalem. https://es.wikipedia.org/wiki/Sitio_de_ Jerusal%C3%A9n_(70) (Capturado Junio 17, 2020).

14. Primera Guerra Judía. https://es.wikipedia.org/wiki/Primera_ guerra_jud%C3%ADa (Capturado Junio 17, 2020).

15. Emperador Constantino I.https://es.wikipedia.org/wiki/ Constantino_I#Constantino_y_el_cristianismo (Capturado Junio 17, 2020).

16. Papa Silvestre I. https://es.wikipedia.org/wiki/Silvestre_I (Capturado Junio 17, 2020).

17. Diocleciano. https://es.wikipedia.org/wiki/Diocleciano (Capturado Junio 17, 2020).

18. La Basílica de San Juan de Letrán. https://es.wikipedia.org/wiki/ Bas%C3%ADlica_de_San_Juan_de_Letr%C3%A1n (Capturado Junio 17, 2020).

19. Basílica de San Pedro. https://es.wikipedia.org/wiki/ Bas%C3%ADlica_de_San_Pedro (Capturado Junio 17, 2020).

20. Iglesia del Santo Sepulcro. https://es.wikipedia.org/wiki/Iglesia_del_ Santo_Sepulcro_(Jerusal%C3%A9n)(Capturado Junio 17, 2020).

21. La iglesia Católica Apostólica Romana. https://es.wikipedia.org/ wiki/Iglesia_cat%C3%B3lica (Capturado Junio 17, 2020).

22. Reforma protestante. https://es.wikipedia.org/wiki/ Reforma_protestante (Capturado Junio 17, 2020).

23. Ekklēsia. STRONGS NT 1577: ἐκκλησία.

24. El credo de Nicea.

El credo resume los principios básicos de la fe cristiana de una manera relativamente sencilla, con la intención de proporcionar un recurso para memorizarlos y proclamarlos a los fieles. Es una declaración dogmática de los contenidos de la fe cristiana, promulgada en el Concilio de Nicea I (325) y ampliado en el Concilio de Constantinopla (381).

https://es.wikipedia.org/wiki/S%C3%ADmbolo_niceno- constantinopolitano (Capturado Marzo 26, 2021)

25. Phillips, R. Dever, Mark. Ryken, P. (Abril 1, 2004) The Church: One, Holy, Catholic, and Apostolic. P & R Publishing.

26. Ídem.

27. Pérez, JA. (Diciembre 6, 2019) Manipulación: Apóstoles Modernos, la Cobertura y el Diezmo de Diezmos. San Diego, California. Keen Sight Books.

28. Confesión de Augsburgo de 1530.

La Confesión de Augsburgo (1530) es la confesión, o declaración de fé específicamente luterana más ampliamente aceptada. George Wolfgang Forell. https://mb-soft.com/believe/tsnm/augsburg.htm (Capturado Marzo 27, 2021)

29. Institución de la Religión Cristiana (en el original latín Institutio Christianae Religionis) es un tratado de teología escrito por Juan Calvino. Fue publicado primero en latín en 1536, y luego traducido al francés por él mismo en 1541.

En esta obra se desarrolla de forma sistemática la doctrina de la Reforma tal y como la promovía Calvino. A través de su texto, acentúa el contraste entre el poder total de Dios y la pequeñez del hombre, perdido por el pecado original. https://es.wikipedia.org/wiki/La_instituci%C3%B3n_de_la_religi%C3%B3n_cristiana (Capturado Marzo 27, 2021).

Institución de la Religión Cristiana. Original en Latín, exposición y descarga: https://www.e-rara.ch/gep_g/content/titleinfo/859317 (Capturado Marzo 27, 2021).

Institución de la Religión Cristiana. Traducida por Cipriano de Valera. Biblioteca Nacional Hispana: http://bdh-rd.bne.es/viewer.vm?id=0000099894&page=1 (Capturado Marzo 27, 2021).

30. Exégesis. (del griego ἐξήγησις [ekˈseːgesis], que significa literalmente «extraer». Hermenéutica Exégesis: Uso Y Tradición (Vol. 1 p. 385). Segunda parte Prolegómenos, UAEMEX.

Esta palabra proviene del griego antiguo, específicamente del verbo exegeomai, traducible como «guiar hacia afuera» en el sentido de sacar la verdad de adentro de una cosa. https://concepto.de/exegesis/#ixzz6qNgn61QO (Capturado Marzo 27, 2021).

31. Ex opere operato. La teología escolástica emplea ex opere operato (del trabajo trabajado) para distinguir lo que realiza el ministro de un sacramento de la actividad del ministro, el opus operantis (el trabajo del que trabaja). Esta distinción se trazó para ubicar la fuente del efecto santificador en el rito sacramental mismo, y no en la santidad del ministro. https://www.encyclopedia.com/religion/encyclopedias-almanacs-transcripts-and-maps/ex-opere-operato (Capturado Marzo 29, 2021).

32. Christening (inglés). La ceremonia de bautizar y nombrar a un niño. https://

www.merriam-webster.com/dictionary/christening (Capturado Marzo 29, 2021).

33. Christening. Baptism, a Christian sacrament of admission and adoption. Infant baptism, the practice of baptising infants or young children. https://en.wikipedia.org/wiki/Christening (Capturado Marzo 29, 2021).

34. Rohls, Jan (1998) [1987]. Theologie reformierter Bekenntnisschriften [Reformed Confessions: Theology from Zurich to Barmen] (in German). Translated by John Hoffmeyer. Louisville, Kentucky: Westminster John Knox.

35. Paidobautismo. Bautismo infantil. Del griego «pais» que significa «niño». Se puede contrastar con lo que se llama «bautismo de creyentes» (o credobautismo, de la palabra latina credo que significa «yo creo»), que es la práctica religiosa de bautizar solo a personas que confiesan personalmente la fe en Jesús, excluyendo por lo tanto a los niños menores de edad. La oposición al bautismo infantil se denomina catabautismo . El bautismo infantil también se llama bautizo por algunas tradiciones religiosas. https://es.qaz.wiki/wiki/Infant_baptism (Capturado Marzo 29, 2021).

36. Strong, A.H. (1979) Systematic Theology (pp. 951-952) Valley Forge, PA. Judson Press.

37. Warfield, B.B. (2003) Studies in Theology: The Polemics of Infant Baptism. (p. 395) Grand Rapids. Baker Books.

38. Bautismo del griego: βαπτίζω (baptízō), bap-tid'-zo. Sumergir; sumergir, para hacer abrumado (es decir, completamente mojado); usado solamente (en el Nuevo Testamento) de la ablución ceremonial, especialmente (técnicamente) de la ordenanza del bautismo cristiano: —Bautista, bautizar, lavar. STRONGS NT 907 https://www.blueletterbible.org/lang/lexicon/lexicon.cfm?t=kjv&strongs=g907 (Capturado Marzo 29, 2021).

39. Carson, D.A. (Marzo 1, 1996) Exegetical Fallacies. Baker Academic (segunda edición).

40. Sistema de gobierno episcopal. Una política episcopal es una forma jerárquica de gobierno de la iglesia (política eclesiástica) en la que las principales autoridades locales se denominan obispos. https://es.qaz.wiki/wiki/Episcopal_polity (Capturado Abril 7, 2021)

41. Jerarquía de la Iglesia católica. El término Jerarquía de la Iglesia católica se usa para referirse a los miembros de la Iglesia católica que desempeñan la función de gobernar en la fe y guiar en las cuestiones morales y de vida cristiana a los fieles católicos. https://es.wikipedia.org/wiki/Jerarqu%C3%ADa_de_la_Iglesia_cat%C3%B3lica (Capturado Abril 7, 2021)

42. La política presbiteriana es un método de gobierno de la iglesia (política eclesiástica) tipificado por la regla de las asambleas de presbíteros o ancianos. https://en.wikipedia.org/wiki/Presbyterian_polity (Capturado Abril 7, 2021)

43. Congregacionalismo. El congregacionalismo es un movimiento que surgió de las iglesias protestantes inglesas desde finales del siglo XVI hasta principios del XVII. Creado como una extensión del puritanismo, hizo énfasis en el derecho y deber de cada congregación a gobernarse por sí misma, independientemente de cualquier autoridad. https://es.wikipedia.org/wiki/Congregacionalismo (Capturado Abril 7, 2021)

44. «El poder tiende a corromper, el poder absoluto corrompe absolutamente». —Lord Acton. Descrito como "el magistrado de la historia", Lord Acton fue una de las grandes personalidades del siglo XIX y es universalmente considerado como uno de los ingleses más eruditos de su tiempo. Acton Institute. https://www.acton.org/research/lord-acton (Capturado Abril 7, 2021)

Otros créditos (para toda la serie)

Aparte de las citas respectivas arriba, tuve la bendición de consultar varios libros y escritos. Algunos de estos me ayudaron a explicar definiciones y otros a ordenar los temas teológicos de manera comprensible al lector. A estos, quiero extender mis más sinceros agradecimientos y debido crédito*.

- Chafer, Lewis S. (Febrero 23, 2010) Teología Sistemática CLIE.

- Berkhof, Louis. Manual de doctrina reformada. Grand Rapids, Michigan. Libros Desafío.

- MacArthur, John. Mayhue, Richard. (Junio 19, 2018) Teología sistemática: Un estudio profundo de la doctrina bíblica. Editorial Portavoz.

- Wiley, H. Orton. (2012) Teología Cristiana. Tomo 1. Casa Nazarena de Publicaciones. Título original: Christian Theology. (Vol. 1. Primera edición) Global Nazarene Publications.

- Pearlman, Myer. (April 1, 1992) Teología bíblica y sistemática. Vida.

- Dever, Mark. (2018) Clases esenciales: Teología Sistemática. Capitol Hill Baptist Church.

- Guzmán Martínez, Grecia. Gnosticismo: qué es esta doctrina religiosa y qué ideas sostiene. Este conjunto de sistemas de religión se basa en los intentos de pasar de la fe al conocimiento. https://psicologiaymente. com/cultura/gnosticismo (Capturado Junio 9, 2021).

- Rufat, Pastor Gilberto. (Abril 28, 2015) Teología bautista reformada 1689. Reformado 365. https://gilbertorufat.blogspot.com/2015/04/todas-las-cosas-que-pertenecen-la-vida.html (Capturado Junio 9, 2021).

- La condición del hombre (el pecado). Lección 1. Julio 22, 2020. Ministerio Hacedores. http://ministerioshacedores.org/2020/07/22/leccion-1-la-condicion-del-hombre-el-pecado/ (Capturado Junio 9, 2021).

- Rodriguez, Josue D. Doctrina de la Palabra - Parte 2. Faithlife Sermons. https://sermons.faithlife.com/sermons/365810-doctrina-de-la-palabra-parte-2 (Capturado Junio 9, 2021).

- ¿Qué es la revelación general? ¿Cuál es revelación especial? Compelling Truth. https://www.compellingtruth.org/Espanol/revelacion-especial-general.html (Capturado Junio 9, 2021).

- Driscoll, Mark. ¿Quién escribió la Biblia? Real Faith by Mark Driscoll. https://realfaith.com/what-christians-believe/wrote-bible/?translation=spanish (Capturado Mayo 28, 2021).

- El Español de América. Escritores.org https://www.escritores.org/recursos-para-escritores/recursos-2/articulos-de-interes/31880-el-espanol-de-america (Capturado Mayo 28, 2021).

- Teijero Páez, Dr. Sergio. (Marzo 2016) Inteligencia Espiritual: La Suprema de las Inteligencias. Caracas.

- Núñez, Miguel. (Enero 10, 2019) Los atributos comunicables de Dios. Coalición por el Evangelio. https://www.coalicionporelevangelio.org/articulo/los-atributos-comunicables-dios/ (Capturado Mayo 28, 2021).

- Gossack, Julie. (2002, 2012) El Carácter Y Atributos De Dios. https://docplayer. es/51942361-El-caracter-y-atributos-de-dios.html (Capturado Mayo 28, 2021).

- Deffinbaugh, Robert L. La Sabiduría de Dios. https://bible.org/seriespage/la-sabidur%C3%ADa-de-dios (Capturado Mayo 28, 2021).

- Reyes, Wilfor Galindo. La Importancia de la Santidad de Dios. Los atributos de Dios. Faithlife Sermons. https://sermons.faithlife.com/sermons/207642-la-importancia-de-la-santidad-de-dios (Capturado Junio 9, 2021).

- Credo de Nicea. Archdiocese of Washington. https://adw.org/catholic-prayer/es-credo-de-nicea/ (Capturado Junio 9, 2021).

- Catecismo de Heidelberg. Reformed Church in America. https://www.rca.org/about/theology/creeds-and-confessions/the-heidelberg-catechism/catecismo-de-heidelberg/ (Capturado Junio 9, 2021).

- Clemente de Roma: Mártir, escritor y líder de la iglesia. Listen Notes. https://www.listennotes.com/podcasts/bite/58-clemente-de-roma-m%C3%A1rtir-paDjZS2VYrM/ (Capturado Junio 9, 2021).

- Enduring World Bible Commentary. Comentario Bíblico. Romanos 3. Justificados libremente por Su gracia. https://es.enduringword.com/comentario-biblico/romanos-3/ (Capturado Junio 9, 2021).

- Piper, John. (Septiembre 27, 1998) Las manifestaciones de Dios eliminan la excusa por haber dejado de adorar. Desiring God. https://www.desiringgod.org/messages/displays-of-god-remove-the-excuse-for-failed-worship (Capturado Junio 9, 2021).

- ¿Es Dios real? ¿Cómo puedo saber con seguridad que Dios es real? Got Questions? https://www.gotquestions.org/Espanol/Es-Dios-real.html (Capturado Junio 9, 2021).

- Warren, Rick. (Marzo 30, 2017) Conocemos la Verdad de Dios a través de la Conciencia. https://pastorrick.com/conocemos-la-verdad-de-dios-a-traves-de-la-conciencia/ (Capturado Junio 9, 2021).

- Keathley III, Th.M., J. Hampton. (Abril 18, 2005) Las Epístolas No Paulinas. https://bible.org/seriespage/las-ep%C3%ADstolas-no-paulinas (Capturado Junio 9, 2021).

- Buntin, Charles T. (Febrero 3, 2006) La Persona de Cristo. https://bible.org/seriespage/la-persona-de-cristo (Capturado Mayo 28, 2021).

- El Dios que se volvió un ser humano. Enero 26, 2011 Por United Church of God https://espanol.ucg.org/herramientas-de-estudio/folletos/la-verdadera-historia-de-jesucristo/el-dios-que-se-volvio-un-ser-humano (Capturado Mayo 28, 2021).

- ¿La unicidad o la Trinidad de Dios? Una evaluación de la posición de la Iglesia Pentecostal Unida con respecto al Hijo de Dios desde una perspectiva trinitaria. Por Jonathan Boyd – 2013 http://impactobiblico.com/2013/08/la-unicidad-la-trinidad-dios/ (Capturado Mayo 28, 2021).

- Si Jesús es Dios porque dijo: ¿Padre en tus manos encomiendo mi Espíritu?

Por Fredy Delgado. https://sites.google.com/site/elmundobiblico/dios-mio-dios-mio/si-jesus-es-dios-porque-dijo-padre-en-tus-manos-encomiendo-mi-espiritu (Capturado Mayo 28, 2021).

- El Credo de Calcedonia. https://sujetosalaroca.org/2007/11/14/el-credo-de-calcedonia/ (Capturado Mayo 28, 2021).

- Woodward, John. El Nacimiento Virginal (Tercera Parte). Notas De Gracia. https://gracenotebook.com/es/el-nacimiento-virginal-tercera-parte/ (Capturado Mayo 28, 2021).

- Reyes-Ordeix, Gabriel. (Abril 26, 2017) 6 beneficios de utilizar credos. Coalición por el Evangelio. https://www.coalicionporelevangelio.org/articulo/6-beneficios-de-utilizar-credos/ (Capturado Mayo 28, 2021).

- Hole, F. B. (Febrero 2011) La Deidad y La Humanidad De Cristo. Traducido del Inglés por: B.R.C.O.. http://www.graciayverdad.net/id24.html (Capturado Mayo 28, 2021).

- Piper, John. (November 2, 2008) Contemplamos Su gloria, lleno de gracia y de verdad. https://www.desiringgod.org/messages/we-beheld-his-glory-full-of-grace-and-truth?lang=es (Capturado Mayo 28, 2021).

- Motta Ochoa, Alberto. La Persona de Jesús, Cristologia. https://www.monografias.com/trabajos92/persona-jesus-cristologia/persona-jesus-cristologia.shtml (Capturado Mayo 28, 2021).

- Deffinbaugh, Robert L. La Santidad de Dios. https://bible.org/seriespage/la-santidad-de-dios (Capturado Mayo 28, 2021).

- El Credo de los Apóstoles. http://es.btsfreeccm.org/local/lmp/lessons.php?lesson=APC1text (Capturado Mayo 28, 2021).

- MacArthur, John. (2013) Fuego Extraño. Nashville, Tennessee, Estados Unidos de América. Grupo Nelson, Inc.

- Rubilar, Néstor. (Julio 10, 2017) Juan Calvino, el teólogo del Espíritu Santo. https://pensamientopentecostal.wordpress.com/2017/07/10/calvino-el-teologo-del-espiritu-santo-por-nestor-rubilar/ (Capturado Junio 1, 2021).

- Holder, John. Manifestaciones, Ministerios, Operaciones. Las Obras del Espíritu Santo; Espíritus Angelicales, Dones del Ministerio y Crecimiento Espiritual. https://ltfipj.tripod.com/PAGE8SP.htm (Capturado Junio 1, 2021).

- Falsificación del Don de Lenguas. Iglesia.Net https://www.iglesia.net/estudios-biblicos/doctrina/falsificacion-del-don-de-lenguas (Capturado Junio 1, 2021).

- El Bautismo en el Espíritu Santo. (Adoptada por el Presbiterio General en sesión el 9-11 de agosto de 2010). https://ag.org/es-ES/Beliefs/Position-Papers/Baptism-in-the-Holy-Spirit (Capturado Junio 1, 2021).

- Rivera, Franklin. Dones Complementarios (Romanos 12.1-8). https://sermons.faithlife.com/sermons/373983-dones-complementarios-(romanos-12.1-8) (Capturado Junio 1, 2021).

- Artemi, Eirini. (2018) El gran tratado de Basilio sobre el Espíritu Santo. (Vol. 21 pp. 7-24) Medievalia [en línea]. https://www.raco.cat/index.php/Medievalia/article/view/350969 (Capturado Junio 1, 2021).

- Diversidad de dones espirituales (1 Corintios 12:4-11). Walter Cuadra. https://www.mundobiblicoelestudiodesupalabra.com/2017/07/diversidad-de-dones-espiritual.html (Capturado Junio 1, 2021).

- ¿Cuándo recibimos el Espíritu Santo? CompellingTruth. org https://www.compellingtruth.org/Espanol/Recibir-al-Espiritu-Santo.html (Capturado Junio 1, 2021).

- El Espíritu Santo y la Santificación. ConocimientoBíblico. Com http://www.conocimientobiblico.com/el-esp-ritu-santo-y-la-santificaci-n2.html (Capturado Junio 1, 2021).

- Teología Bautista. (Noviembre 15, 2014). Doctrina del hombre (antropología). http://teologiabautista.blogspot.com/2014/11/doctrina-del-hombre-antropologia.html (Capturado Mayo 28, 2021).

- MacArthur, John; Mayhue, Richard. (Junio 19, 2018) Teología sistemática: Un estudio profundo de la doctrina bíblica. Editorial Portavoz.

- Woznicki, Chris. (Octubre 26, 2020) ¿Qué dice la Biblia sobre el alma? https://www.coalicionporelevangelio.org/articulo/que-dice-la-biblia-sobre-el-alma/ (Capturado Mayo 28, 2021).

- Cómo entender la 'imagen de Dios'. (Febrero 17, 2011) United Church of God. https://espanol.ucg.org/herramientas-de-estudio/folletos/quien-es-dios/como-entender-la-imagen-de-dios (Capturado Junio 1, 2021).

- MacArthur, John. (2011) La Evangelización. Cómo Compartir El Evangelio con

Fidelidad. Nashville, Tennessee, Estados Unidos de América. Grupo Nelson, Inc.

- Casas, David. Fuller, Russell. (Febrero 20, 2015) ¿Nuestro cuerpo está hecho a imagen de Dios? https://answersingenesis.org/es/biblia/nuestro-cuerpo-esta-hecho-imagen-de-dios/ (Capturado Junio 1, 2021).

- Padilla, Carlos. (2020) Hamartiología. ¿Qué es el pecado? https://www.jesucristo.net/hamartiologia-que-es-el-pecado/ (Capturado Junio 7, 2021).

- Deffinbaugh, Robert L. La Caída del Hombre Gen 3:1–24. https://bible.org/seriespage/la-ca%C3%ADda-del-hombre-gen-31%E2%80%9324 (Capturado Junio 7, 2021).

- Soteriología. Doctrina de salvación. http://www.knowingjesuschrist.com/languages/spanish-espanol/biblia-estudia-bible-studies/164-doctrinas-biblicas/321-soteriologia-doctrina-de-salvacion (Capturado Junio 7, 2021).

- Masters, Dr. Peter. La caída del hombre. Londres. Tabernáculo Metropolitano. https://www.metropolitantabernacle.org/Espanol/Articulos/La-Caida-de-Adan (Capturado Junio 7, 2021).

- Piper, John. (Agosto 19, 2001) Desiring God. https://www.desiringgod.org/messages/who-is-this-divided-man-part-5 (Capturado Junio 7, 2021).

- Deffinbaugh, Robert L. La Soberanía de Dios en la Salvación (Romanos 9:1-24) https://bible.org/seriespage/la-soberan%C3%AD-de-dios-en-la-salvaci%C3%B3n-romanos-91-24 (Capturado Junio 7, 2021).

- Cuadra, Walter. Soteriología: La Doctrina de la Salvación. https://www.mundobiblicoelestudiodesupalabra.com/2018/08/soteriologia-la-doctrina-de-la-salvacion.html?m=1 (Capturado Junio 7, 2021).

- Rosell, Miguel. Soteriología. Introducción A La Doctrina De La Salvación. https://fulgurando.blogspot.com/p/soteriologia.html (Capturado Junio 7, 2021).

- Barrios, Josué. (Enero 5, 2015) ¿Qué es la Soteriología y Por Qué es Importante Para Todos Los Cristianos? https://josuebarrios.com/soteriologia/ (Capturado Junio 7, 2021).

- Deem, Rich. La Justificación. https://www.godandscience.org/doctrine/justify-es.html (Capturado Junio 7, 2021).

- La Seguridad de la Salvación. (Adoptada por el Presbiterio General en sesión el 5-7 de agosto de 2017). El Concilio General de las Asambleas de Dios. https://ag.org/es-ES/Beliefs/Position-Papers/Assurance-Of-Salvation (Capturado Junio 7, 2021).

- Piper, John. (Junio 23, 2002) Todas las cosas para bien, parte 3. Desiring God. https://www.desiringgod.org/messages/all-things-for-good-part-3?lang=es (Capturado Junio 7, 2021).

- Soteriología. La Doctrina de la Salvación. La Palabra de Dios https://lapalabradediosve.wordpress.com/doctrina-biblica/soteriologia/ (Capturado Junio 7, 2021).

- Soteriología. Doctrina de salvación. http://www.knowingjesuschrist.com/languages/spanish-espanol/biblia-estudia-bible-studies/164-doctrinas-biblicas/321-soteriologia-doctrina-de-salvacion (Capturado Junio 7, 2021).

- Cardoza, Angel. (Mayo 5, 2015) Martín Lutero y la Seguridad de la Salvación. https://evangelio.blog/2015/05/05/martn-lutero-y-la-seguridad-de-la-salvacin/ (Capturado Junio 7, 2021).

- Leighton, Matthew. (Julio 26, 2018) La justificación: ¿qué es y qué hace? https://www.coalicionporelevangelio.org/articulo/la-justificacion-que-es-y-que-hace/ (Capturado Junio 7, 2021).

- Esqueda, Octavio. (Septiembre 13, 2012) Jesús es nuestra esperanza. Biola University. https://www.biola.edu/blogs/good-book-blog/2012/jesus-es-nuestra-esperanza (Capturado Junio 7, 2021).

- Piper, John. (Marzo 9, 2008) Ninguno que es nacido de Dios practica el pecado. Desiring God. https://www.desiringgod.org/messages/no-one-born-of-god-makes-a-practice-of-sinning?lang=es (Capturado Junio 7, 2021).

- Macleod, Donald. (Abril 21, 2016) Adopción: Un nuevo padre y un nuevo corazón. https://www.coalicionporelevangelio.org/articulo/adopcion-un-nuevo-padre-y-un-nuevo-corazon/ (Capturado Junio 7, 2021).

- Piper, John. (Diciembre 9, 2001) Lo que significa cumplir la ley en Romanos 8:3-4. Desiring God. Doce Tesis. https://www.desiringgod.org/messages/what-does-it-mean-to-fulfill-the-law-in-romans-8-3-4?lang=es (Capturado Junio 7, 2021).

- El Cuerpo De Cristo. Casa de Adoración. https://www.casadeadoracion.us/single-post/2018/10/19/EL-CUERPO-DE-CRISTO (Capturado Junio 12, 2021).

- Guzik, David. (2016) 1 Corintios 12 – Diversidad y Unidad en Dones

Espirituales. https://www.blueletterbible.org/Comm/guzik_david/
spanish/StudyGuide_1Co/1Co_12.cfm (Capturado Junio 12, 2021).

- Ser Discípulos: Aprende A Defender Tu Fe. (4 de Septiembre de 2008)
  https://elforocofrade.es/index.php?threads/ser-disc%C3%8Dpulos-
  aprende-a-defender-tu-fe.2147/page-2 (Capturado Junio 12, 2021).

- La santa cena. El cristianismo primitivo. http://www.elcristianismoprimitivo.
  com/doct38.htm (Capturado Junio 12, 2021).

- El Bautismo Cristiano. Publications. A Ministry of COG7.
  org https://publications.cog7.org/tracts-books/tracts/biblical-
  studies/el-bautismo-cristiano/ (Capturado Junio 12, 2021).

- Espinoza, Alberto. A La Iglesia Que Está En Tu Casa. Faithlife
  Sermons. https://sermons.faithlife.com/sermons/569282-a-la-
  iglesia-que-esta-en-tu-casa (Capturado Junio 12, 2021).

- ¿Cuál es la importancia del bautismo cristiano? Got Questions. https://www.
  gotquestions.org/Espanol/Bautismo-cristiano.html (Capturado Junio 12, 2021).

- Cena del Señor. (Junio 27, 2015) Plenitud de Vida. https://plenituddevida.
  com.mx/cena-del-senor/ (Capturado Junio 12, 2021).

- ¿La Biblia enseña el bautismo del creyente o credobautismo? Got Questions. https://
  www.gotquestions.org/Espanol/bautismo-creyente.html Capturado Junio 12, 2021).

- Piper, John. (Octubre 1, 2000) Unidos a Cristo en la muerte y en la vida,
  parte 2. Desiring God. https://www.desiringgod.org/messages/united-with-
  christ-in-death-and-life-part-2?lang=es (Capturado Junio 12, 2021).

- MacArthur, John. (2006) Comentario MacArthur del Nuevo Testamento: Juan.
  Chicago, IL. Moody Publishers. (2011) Grand Rapids, Michigan. Editorial Portavoz.

- Los Apóstoles y Profetas. Adoptada por el Presbiterio General en sesión
  el 6 de agosto del 2001. Asambleas de Dios. https://ag.org/es-ES/Beliefs/
  Position-Papers/Apostles-and-Prophets (Capturado Junio 12, 2021).

- ¿Cuál es la diferencia entre la iglesia universal y la iglesia local?
  Got Questions. https://www.gotquestions.org/Espanol/iglesia-
  local-universal.html (Capturado Junio 12, 2021).

- Deffinbaugh, Robert L. (April 29, 2005) La Santidad de Dios. https://

bible.org/seriespage/la-santidad-de-dios (Capturado Junio 12, 2021).

- El primer y el segundo Templo de Jerusalén. (Marzo 1, 2017) Ateneo Mercantil de Valencia. https://www.ateneovalencia.es/el-primer-y-el-segundo-templo-de-jerusalen/ (Capturado Junio 12, 2021).

- Sendek, Elizabeth de. Spencer, Aída Besançon. Gordon, A. J. (Agosto 1, 2017) El Ministerio de las Mujeres. https://www.cbeinternational.org/resource/article/el-ministerio-de-las-mujeres (Capturado Junio 12, 2021).

- Donde Se Reunió La Iglesia Primitiva. http://equipdisciples.org/Storying/Spanish/doc/CP12%20D%C3%93NDE%20SE%20REUNI%C3%93%20LA%20IGLESIA%20PRIMITIVA.htm (Capturado Junio 12, 2021).

- Elizondo, Emanuel. (Enero 26, 2021) Hoy no hay apóstoles. Coalición por el Evangelio. https://www.coalicionporelevangelio.org/articulo/hoy-no-hay-apostoles/ (Capturado Junio 12, 2021).

- Griffiths, Jonathan. El papel del anciano, obispo, y pastor. Coalición por el Evangelio. https://www.coalicionporelevangelio.org/ensayo/el-papel-del-anciano-obispo-y-pastor/ (Capturado Junio 12, 2021).

- Piper, John (Agosto 29, 1999) ¿Qué relación hay entre la circuncisión y el bautismo? https://www.desiringgod.org/messages/how-do-circumcision-and-baptism-correspond?lang=es (Capturado Junio 12, 2021).

- Martins, Steven. (Agosto 12, 2020) ¿Por qué creer en una tierra joven? Biblia y Teología. Coalición por el Evangelio. https://www.coalicionporelevangelio.org/articulo/por-que-creer-en-una-tierra-joven/ (Capturado Junio 13, 2021).

- Guzik, David. (2012) Génesis 1. El Reporte de la Creación de Dios. https://www.blueletterbible.org/Comm/guzik_david/spanish/StudyGuide_Gen/Gen_01.cfm (Capturado Junio 13, 2021).

- Donovan, Richard Niell. Génesis 1:1 – 2:4a Exégesis. Sermon Writer. https://sermonwriter.com/espanol-exegesis/genesis-11-24a/ (Capturado Junio 13, 2021).

- Cáceres, Román. (Marzo 1, 2020) LA CREACIÓN (1RA. PARTE) - Gen 1:1-2:3 https://www.jesucristorey.org/Mensajes/Visualizaci%C3%B3n-de-Mensaje/ArticleId/802/LA-CREACI-211-N-Gen-1-1-2-3 (Capturado Junio 13, 2021).

- La Doctrina De La Creación. (Adoptada por el Presbiterio General en sesión el 4-5 de Agosto de 2014) Asambleas de Dios. https://ag.org/es-ES/Beliefs/

Position-Papers/The-Doctrine-of-Creation (Capturado Junio 13, 2021).

- Lopez Ordoñez, Pr. Daniel. El Diseño De Dios Para La Iglesia Berea. Faithlife Sermons. https://sermons.faithlife.com/sermons/188395-el-diseno-de-dios-para-la-iglesia-berea (Capturado Junio 13, 2021).

- ¿Cómo podría haber luz en el primer día de la creación si el sol no fue creado hasta el cuarto día? Got Questions. https://www.gotquestions.org/Espanol/luz-primero-sol-cuarto.html (Capturado Junio 13, 2021).

- ¿Es Jesús el Creador? Got Questions. https://www.gotquestions.org/Espanol/Jesus-creador.html (Capturado Junio 13, 2021).

- Ham, Ken. (Julio 11, 2014) ¿Qué realmente sucedió con los dinosaurios? Answers in Genesis. https://answersingenesis.org/es/biblia/que-realmente-sucedio-los-dinosaurios/ (Capturado Junio 13, 2021).

- ¿Cómo puede el Dios de orden hacer una tierra desordenada y vacía? (Agosto 25, 2016) Esclavos de Cristo. https://esclavosdecristo.com/como-puede-el-dios-de-orden-hacer-una-tierra-desordenada-y-vacia/ (Capturado Junio 13, 2021).

- Piper, John. Todas las cosas fueron creadas por medio de Él y para Él. Traducción por Pilar Daza Pareja. Libros y Sermones Bíblicos. http://es.gospeltranslations.org/wiki/Todas_las_cosas_fueron_creadas_por_medio_de_%C3%89l_y_para_%C3%89l (Capturado Junio 13, 2021).

- ¿Qué es la teoría de Gap? ¿Sucedió algo entre Génesis 1:1 y 1:2? Got Questions. https://www.gotquestions.org/Espanol/teoria-del-gap.html (Capturado Junio 13, 2021).

- Sproul, R.C. Resplandeciente de Gloria. Ministerios Ligonier. https://es.ligonier.org/RTM/resplandeciente-de-gloria/ (Capturado Junio 13, 2021).

- Ham, Steve. (Enero 7, 2016) El mundo perdido de Adán y Eva: Una respuesta. https://answersingenesis.org/es/biblia/el-mundo-perdido-de-adan-y-eva-una-respuesta/ (Capturado Junio 13, 2021).

- Riddle, Mike. (Octubre 23, 2014) ¿La datación por carbono refuta a la Biblia? https://answersingenesis.org/es/ciencia/la-datacion-por-carbono-refuta-la-biblia/ (Capturado Junio 13, 2021).

- Garcia, Osvaldo. Jesús y el Arcángel Miguel. https://www.monografias.com/trabajos102/jesus-y-arcangel-miguel/jesus-y-arcangel-miguel.shtml (Capturado Junio 13, 2021).

- Hodge, Bodie. (Octubre 23, 2014) ¿Y qué hay de Satanás y el origen del mal? Answers in Genesis. https://answersingenesis.org/es/biblia/y-que-hay-de-satanas-y-el-origen-del-mal/ (Capturado Junio 13, 2021).

- Cuadra, Walter. Organización y Clasificación de los Ángeles. Mundo Bíblico. https://www.mundobiblicoelestudiodesupalabra.com/2015/03/organizacion-y-clasificacion-de-los-angeles.html (Capturado Junio 13, 2021).

- Deffinbaugh, Robert L. (Abril 29, 2005) La Invisibilidad de Dios. https://bible.org/seriespage/la-invisibilidad-de-dios-g%C3%A9nesis-3222-30-%C3%A9xodo-249-11-1%C2%AA-timoteo-117 (Capturado Junio 13, 2021).

- Carbajal, David. (Febrero 11, 2021) ¿Quién es el Ángel de Jehová? https://www.libroscristianosmx.com/blogs/respuestas-en-la-biblia/quien-es-el-angel-de-jehova (Capturado Junio 13, 2021).

- Guzik, David. (2020) Ezequiel 1. La visión de Ezequiel de Dios y su trono. The Enduring Word Comentario bíblico en Español. https://es.enduringword.com/comentario-biblico/ezequiel-1/ (Capturado Junio 13, 2021).

- Chafer, Lewis Sperry. Los Ángeles. Seminario Reina Valera. http://www.seminarioabierto.com/doctrina122.htm (Capturado Junio 13, 2021).

- Guzik, David. (2006) Génesis 16. Agar y el nacimiento de Ismael. https://www.blueletterbible.org/Comm/guzik_david/spanish/StudyGuide_Gen/Gen_16.cfm (Capturado Junio 13, 2021).

- ¿Si nadie ha visto a Dios, a quien vieron los Patriarcas y Profetas? (Agosto 24, 2014) Iglesia Cristiana Reformada Sana Doctrina. https://icrsd.wordpress.com/2014/08/24/si-nadie-ha-visto-a-dios-a-quien-vieron-los-patriarcas-y-profetas/ (Capturado Junio 13, 2021).

- Seiglie, Mario. (Abril 9, 2018) En un principio creó Dios los cielos… https://espanol.ucg.org/miembros/bajo-el-lente/002-genesis-11-en-un-principio-creo-dios-los-cielos (Capturado Junio 13, 2021).

- ¿Qué es tipología bíblica? Got Questions. https://www.gotquestions.org/Espanol/biblica-tipologia.html (Capturado Junio 13, 2021).

- Chafer, Lewis Sperry. Dios el Hijo: Su Preexistencia. Seminario Reina Valera. http://www.seminarioabierto.com/doctrina107.htm (Capturado Junio 13, 2021).

- Suazo, J.M. El Arcangel Miguel. Descubriendo las Verdades Bíblicas Eternas. http://defensabiblica.blogspot.com/p/el-arcangel-miguel.html?m=1 (Capturado Junio 13, 2021).

- Namnún, Jairo. (25 Mayo 25, 2015) Por qué prefiero no usar el nombre "Jehová" (y prefiero usar Señor). Biblia y Teología. Coalición por el Evangelio. https://www.coalicionporelevangelio.org/articulo/por-que-prefiero-no-usar-el-nombre-jehova/ (Capturado Junio 13, 2021).

- ¿Una tercera parte de los ángeles cayeron con Lucero? Got Questions. https://www.gotquestions.org/Espanol/una-tercera-angeles.html (Capturado Junio 13, 2021).

- ¿Qué dice la Biblia acerca del ángel Gabriel? Got Questions. https://www.gotquestions.org/Espanol/angel-Gabriel.html (Capturado Junio 13, 2021).

- MacArthur, John. (Febrero 1, 1976) Ángeles: El ejército invisible de Dios, 3ª Parte. Gracia a vosotros. https://www.gracia.org/library/sermons-library/GAV-1363/%C3%A1ngeles-el-ej%C3%A9rcito-invisible-de-dios-3%C2%AA-parte (Capturado Junio 13, 2021).

- ¿Rapto Antes De La Gran Tribulación? Las 10 Mentiras Del Rapto Pretribulacional De La Iglesia. https://postribulationem.wordpress.com/librados-de-la-gran-tribulacion/ (Capturado Junio 13, 2021).

- Cuadra, Walter. Las Señales de su Segunda Venida (Mateo 24:29-31). Mundo Bíblico. https://www.mundobiblicoelestudiodesupalabra.com/2020/09/senales-de-la-segunda-venida-Cristo.html (Capturado Junio 13, 2021).

- Robinson, Tom. (Agosto 30, 2020) ¿Por qué tiene que volver Jesucristo? https://espanol.ucg.org/las-buenas-noticias/por-que-tiene-que-volver-jesucristo (Capturado Junio 13, 2021).

- Cuadra, Walter. Las 70 Semanas de Daniel. Mundo Bíblico. https://www.mundobiblicoelestudiodesupalabra.com/2015/02/las-70-semanas-de-daniel.html?m=1 (Capturado Junio 13, 2021).

- Guzik, David. (2016) Apocalipsis 21. Un Cielo Nuevo, Una Tierra Nueva, y una Nueva Jerusalén. https://www.blueletterbible.org/Comm/guzik_david/spanish/StudyGuide_Rev/Rev_21.cfm (Capturado Junio 13, 2021).

- Más allá del Milenio. Las buenas noticias. https://espanol.ucg.org/herramientas-de-estudio/folletos/you-can-understand-bibleprophecy/mas-alla-del-milenio (Capturado Junio 13, 2021).

- Guzik, David. (2016) Apocalipsis 20. Satanás, el Pecado y la Muerte son Finalmente Eliminados. https://www.blueletterbible.org/Comm/guzik_david/spanish/StudyGuide_Rev/Rev_20.cfm (Capturado Junio 13, 2021).

- Marvenko, Pat. "Los mil años" de Apocalipsis. Comúnmente llamados, el milenio. http://www.editoriallapaz.org/apocalipsis_10_Tema1_Milenio.htm (Capturado Junio 13, 2021).

- Padilla, Carlos. (Julio 2008) Profecía De Las 70 Semanas De Daniel. https://www.jesucristo.net/70Daniel.htm (Capturado Junio 13, 2021).

- Victor, E.G (Julio 26, 2001) ¿Existe el infierno y el lago de fuego según la Biblia? https://www.iglesia.net/estudios-biblicos/apologetica/existe-el-infierno-y-el-lago-de-fuego-segun-la-biblia (Capturado Junio 13, 2021).

- Ice, Thomas. Mayo 13, 2020 El Siglo Presente y el Siglo Venidero. https://evangelio.blog/2020/05/13/el-siglo-presente-y-el-siglo-venidero/ (Capturado Junio 13, 2021).

- MacArthur, John. ¿Es inminente el regreso de Cristo? The Master's Seminary. https://tms.edu/es/blog/es-inminente-el-regreso-de-cristo/ (Capturado Junio 13, 2021).

- El Premilenialismo. Parte I. (Junio 24, 2008) Sujetos a la Roca. https://sujetosalaroca.org/2008/06/24/el-premilenialismo-parte-i/ (Capturado Junio 13, 2021).

- Los Cielos Nuevos y una Tierra Nueva Gloriosos. Asociación De los Estudiantes De la Biblia El Alba. http://www.dawnbible.com/es/2013/1306ib23.htm (Capturado Junio 13, 2021).

- ¿Resurrección o vida inmediatamente después de la muerte? Verdades Bíblicas. https://www.jba.gr/es/Resurreccion-o-vida-inmediatamente-despues-de-la-muerte.htm (Capturado Junio 13, 2021).

*Los libros y escritos que he consultado, por lo regular —aunque a veces opuestos entre sí en algunos puntos de vista doctrinales—, suelen estar en asuntos esenciales, dentro de las columnas de la ortodoxia, sin embargo, también he consultado y estudiado puntos de vista que se oponen a la sana enseñanza, algunos aún seculares, por lo que la lista anterior es publicada con el propósito de agradecer y dar crédito, pero no necesariamente significa un endorso o recomendación de todo.

Las citaciones en notas igualmente no significan endorso o recomendación. En estas, durante toda la serie, he usado fuentes cristianas, pero también seculares, incluyendo (pero no limitado a), diccionarios, enciclopedias, documentos históricos, libros y escritos de referencias, archivos de estudios científicos, filosóficos, de autores independientes o enlazados a universidades o instituciones. A veces cito material contrario a la buena enseñanza con el propósito de crítica apologética, contraste y para presentar opuestos. Nuestras convicciones son fuertes cuando podemos leer, debatir y retar la mala enseñanza. Sin embargo, nuevos estudiantes, creo deberán usar precaución si deciden revisar algunas de estas fuentes.

RECURSOS

Todos los libros manuales de esta serie

Estos libros contienen todo el texto de *Teología Sistemática para Latinoamérica* además de ejercicios / cuestionarios y espacios para notas, para ser usados en estudios de grupos, clases de instituto bíblico, seminario o cualquier otro formato donde se equipen ministros y líderes para la obra de ministerio o creyentes en general que quieren crecer en el conocimiento de Dios.

Bibliología: La doctrina de la Palabra de Dios

Paterología: La doctrina de Dios Padre

Cristología: La doctrina de Cristo

Pneumatología: La doctrina del Espíritu Santo

Antropología: La doctrina del Hombre

Hamartiología: La doctrina del Pecado

Soteriología: La doctrina de la Redención

Eclesiología: La doctrina de la Iglesia

Origen: La doctrina de la Creación

Angelología: La doctrina de los Ángeles

Escatología: La doctrina del futuro

JA PÉREZ
**BIBLIOLOGÍA:
LA DOCTRINA DE LA
PALABRA DE DIOS**

JA PÉREZ
**PATEROLOGÍA:
LA DOCTRINA DE
DIOS PADRE**

JA PÉREZ
**CRISTOLOGÍA:
LA DOCTRINA DE CRISTO**

JA PÉREZ
**PNEUMATOLOGÍA:
LA DOCTRINA
DEL ESPÍRITU SANTO**

JA PÉREZ
**ANTROPOLOGÍA:
LA DOCTRINA DEL HOMBRE**

JA PÉREZ
**HAMARTIOLOGÍA:
LA DOCTRINA DEL PECADO**

JA PÉREZ
**SOTERIOLOGÍA:
LA DOCTRINA
DE LA REDENCIÓN**

JA PÉREZ
**ECLESIOLOGÍA:
LA DOCTRINA DE LA IGLESIA**

JA PÉREZ
**ORIGEN:
LA DOCTRINA
DE LA CREACIÓN**

JA PÉREZ
**ANGELOLOGÍA:
LA DOCTRINA
DE LOS ÁNGELES**

JA PÉREZ
**ESCATOLOGÍA:
LA DOCTRINA DEL FUTURO**

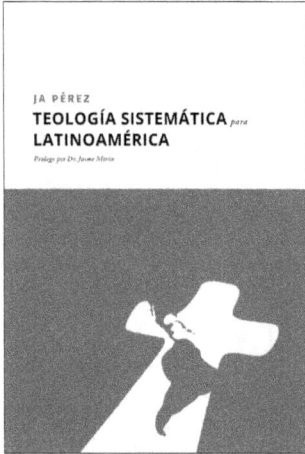

Libro principal

Todos los libros manuales de esta serie provienen del libro: *Teología Sistemática para Latinoamérica.*

Este contiene todo el texto y es un valioso libro de referencias y consultas que todo estudiante serio de teología debe tener en su biblioteca.

780 páginas

Publicado por: *Tisbita Publishing House.*

Para información sobre tiendas donde puede obtenerlo puede ir a:

https://japerez.com/teologia

Cursos de teología

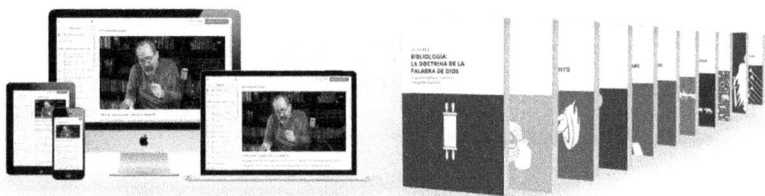

Teología al alcance de todos

La Teología (el estudio de Dios) debe ser estudiada no solo por el ministro ordenado o el aspirante al ministerio cristiano, sino por todo creyente.

Todos debemos conocer mejor a Dios, por lo tanto, hemos puesto estos cursos de teología sistemática al alcance de todos.

¿Cómo funciona?

Cada curso presenta lecciones en video y texto, el manual de curso, ejercicios y un examen final. Una vez completado, el estudiante recibe el Certificado de Completación de ese curso.

Todo dentro de una comunidad, donde usted puede hacer preguntas, compartir ideas y relacionarse con otros estudiantes.

INSTITUTO JA PÉREZ
para ESTUDIOS AVANZADOS

Estos cursos son certificados por el *Instituto JA Pérez para Estudios Avanzados™* bajo el consejo de la *Facultad de Teología Latinoamericana.* Nuestro programa de cursos responde a la necesidad de equipar creyentes, líderes, ministros continentales y aspirantes al ministerio con sólida enseñanza de manera que estos puedan influir a sus mundos con el mensaje de la buena noticia.

Más información en:
https://www.japerez.com/teologia

Dr. JA Pérez es escritor, misionero y precursor de movimientos de cosecha en América Latina.

Sus concentraciones masivas han atraído grandes multitudes durante años.

Con una trayectoria ministerial de más de cuatro décadas y varios libros publicados, sus esfuerzos hoy alcanzan a millones de vidas en todo el continente.

Su trabajo ha recibido menciones en cadenas internacionales como *CBN,* el *Club 700* y decenas de televisoras y periódicos en Centro y Sur América. En el año 2019 le fue otorgado el premio *John Wesley* (John Wesley Award) de la *Asociación Luis Palau* por su labor y liderazgo en el evangelismo mundial.

Ha equipado a miles de líderes y ministros para la obra del ministerio.

Él, su esposa y sus tres hijos viven en un suburbio de San Diego en California.

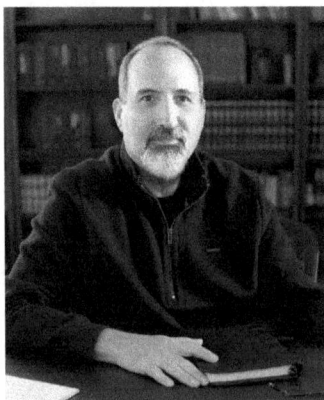

Sitio y redes sociales
japerez.com
youtube.com/@*por*JAPerez
facebook.com/*por*JAPerez

OTROS LIBROS POR JA PÉREZ

VIDA ABUNDANTE

Crecimiento espiritual | Teología | Principios de vida | Relaciones

Serie *Venciendo la ansiedad*

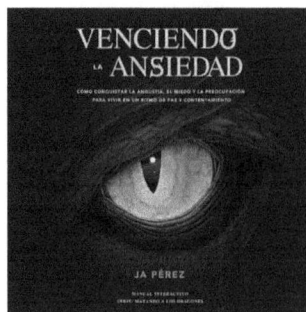

En esta serie comparto mis luchas, retos y estragos. También las verdades que me han llevado de la ansiedad a una vida de paz y contentamiento.

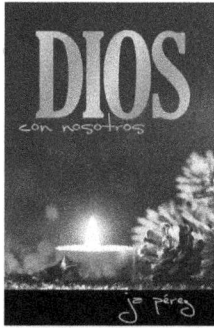

DIOS
con nosotros
Ja Pérez

LA MUERTE
y cómo librarte de ella
JA PÉREZ

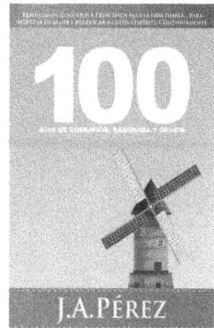

100
DÍAS DE COMUNIÓN, SABIDURÍA Y ORACIÓN
J.A. PÉREZ

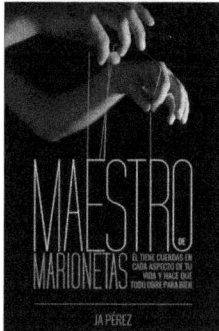

MAESTRO
MARIONETAS
ÉL TIENE CUERDAS EN CADA ASPECTO DE TU VIDA Y HACE QUE TODO OBRE PARA BIEN
JA PÉREZ

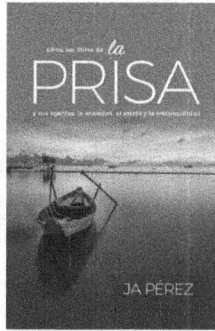

cómo ser libre de la
PRISA
JA PÉREZ

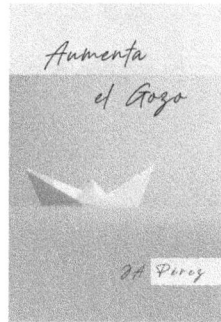

Aumenta
el Gozo
JA Pérez

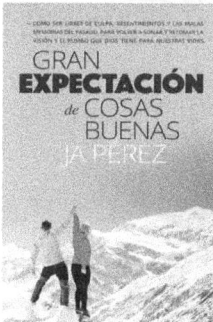

GRAN
EXPECTACIÓN
de COSAS
BUENAS
JA PÉREZ

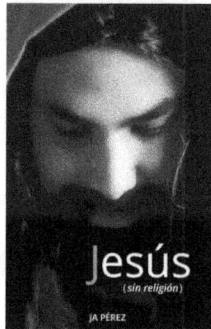

Jesús
(sin religión)
JA PÉREZ

JESÚS
pregunta
JA PÉREZ

FELIZ
JA PÉREZ
LIBRO INTERACTIVO

Profecía bíblica

Ficción

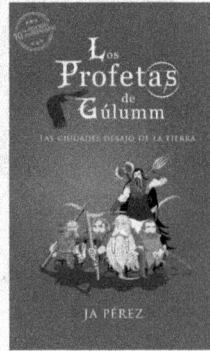

Finanzas personales

MINISTERIO | LIDERAZGO

Ministerio | Crecimiento de la iglesia | Evangelismo | Misiones

Discipulado | Estudio de grupos | Empresa

Evangelismo, discipulado y misiones

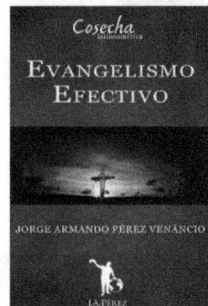

Desarrollo de proyectos

JUNTOS
XEL
CONTINENTE

JA PÉREZ

Festivales y
Concentraciones

Juntos Concejo
Internacional

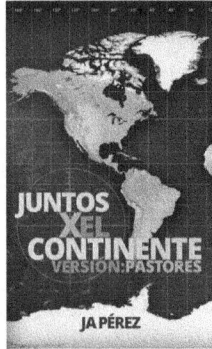

JUNTOS
XEL
CONTINENTE
VERSIÓN: PASTORES

JA PÉREZ

Festivales y
Concentraciones

Juntos En la Jornada

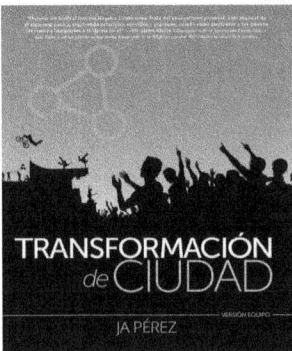

TRANSFORMACIÓN
de CIUDAD

VERSIÓN EQUIPO

JA PÉREZ

Festivales y
Concentraciones

Juntos En la Cosecha

JUNTOS

Desarrollo de líderes

DESARROLLO DE
LIDERAZGO
CON ÉNFASIS
EMPRESARIAL

JA PÉREZ

Desarrollo de
Liderazgo
con énfasis en
Diplomacia

JA Pérez

12

FUNDAMENTOS
DE
LIDERAZGO
POR
JA PÉREZ

los **5**
ERRORES
MÁS COMUNES
QUE COMETE UN LÍDER

JA PÉREZ

LÍDER
CON MENTE DE
REINO

JA PÉREZ

EMBAJADOR360°

LÍDER
CON MENTE DE
REINO

JA PÉREZ

EMBAJADOR360°
MAESTRO

LÍDER
CON MENTE DE
REINO

JA PÉREZ

LIDERAZGO
IRREVOCABLE

JA PÉREZ

LIDERAZGO
INTELIGENTE

JA PÉREZ

LIDERAZGO
y CONSORCIOS

JA PÉREZ

LIDERAZGO
y GOBIERNOS

JA PÉREZ

LIDERAZGO
PRODUCTIVO

JA PÉREZ

LIDERAZGO
y CAPITAL INFLUYENTE

JA PÉREZ

LIDERAZGO
INSPIRACIONAL

JA PÉREZ

LIDERAZGO
TRANSPARENTE

JA PÉREZ

LIDERAZGO
y SISTEMAS

JA PÉREZ

LIDERAZGO
y DESARROLLOS

JA PÉREZ

LIDERAZGO
INVISIBLE

JA PÉREZ

LIDERAZGO
y LEGADO

JA PÉREZ

Inspiración y creatividad

Crecimiento de la iglesia

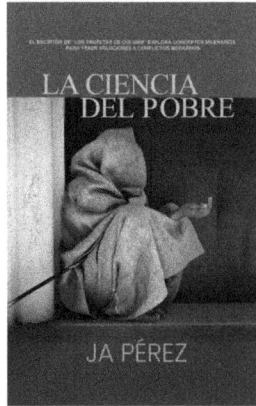

LA CIENCIA
DEL POBRE

JA PÉREZ

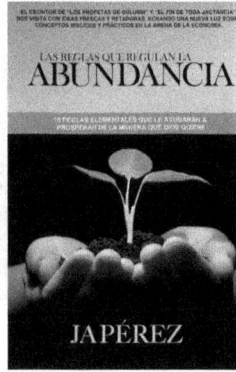

LAS REGLAS QUE REGULAN LA
ABUNDANCIA

JAPÉREZ

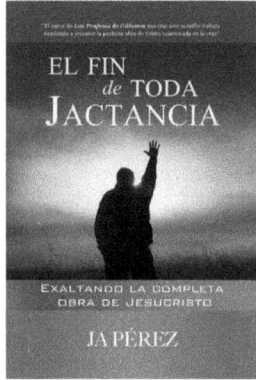

EL FIN
de TODA
JACTANCIA

EXALTANDO LA COMPLETA
OBRA DE JESUCRISTO

JA PÉREZ

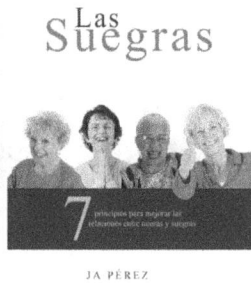

Las
Suegras

7 principios para mejorar las
relaciones entre nueras y suegras

JA PÉREZ

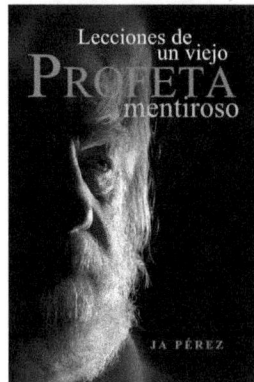

Lecciones de
un viejo
PROFETA
mentiroso

JA PÉREZ

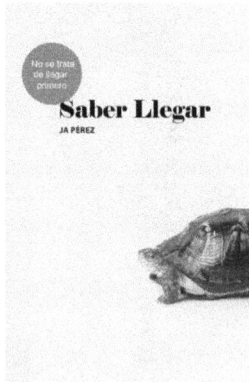

No se trata
de llegar
primero

Saber Llegar
JA PÉREZ

create 3 new habits

A simple guide to form new habits
for a better, simpler, happier life

ja pérez

NOW

THE URGENCY AND THE KEY
TO REACH THIS GENERATION
WITH THE MESSAGE OF CHRIST

COLLAB ORATION

YOUR
KINGDOM
OR HIS
KINGDOM

COLLABORATION 101 for EVANGELISTS

COLLABORATION 101 for CHURCHES

9 BASIC PRINCIPLES of COLLABORATION for EVANGELISTS

JA PÉREZ

Festivals and Celebrations

Together | Collaborate

Festivals and Celebrations

Together | International Council